RETÓRICA
A ALEXANDRE

O livro é a porta que se abre para a realização do homem.

Jair Lot Vieira

ARISTÓTELES

RETÓRICA
A ALEXANDRE

TRADUÇÃO, TEXTOS ADICIONAIS E NOTAS
EDSON BINI
Estudou Filosofia na Faculdade de Filosofia,
Letras e Ciências Humanas da USP.
É tradutor há mais de 40 anos.

Copyright desta tradução e desta edição © 2012 by Edipro Edições Profissionais Ltda.
Todos os direitos reservados. Nenhuma parte deste livro poderá ser reproduzida ou transmitida de qualquer forma ou por quaisquer meios, eletrônicos ou mecânicos, incluindo fotocópia, gravação ou qualquer sistema de armazenamento e recuperação de informações, sem permissão por escrito do editor.

Grafia conforme o novo Acordo Ortográfico da Língua Portuguesa.

1ª edição, 2ª reimpressão 2025.

Editores: Jair Lot Vieira e Maíra Lot Vieira Micales
Coordenação editorial: Fernanda Godoy Tarcinalli
Produção editorial: Murilo Oliveira de Castro Coelho
Tradução, textos adicionais e notas: Edson Bini
Revisão: Pedro Baraldi
Acentuação do grego: Ticiano Curvelo Estrela de Lacerda
Diagramação e Arte: Ana Laura Padovan, Danielle Mariotin, Karina Tenório e Karine Moreto de Almeida

---

Dados Internacionais de Catalogação na Publicação (CIP)
(Câmara Brasileira do Livro, SP, Brasil)

Aristóteles (384-322 a.C.)
   Retórica a Alexandre / Aristóteles ; tradução, textos adicionais e notas Edson Bini – 1. ed. – São Paulo : Edipro, 2012. (Série Clássicos Edipro)

   Título original: ΡΗΤΟΡΙΚΗ ΠΡΟΣ ΑΛΕΞΑΝΔΡΟΝ.

   ISBN 978-85-7283-779-8

   1. Aristóteles – Retórica – Crítica e interpretação 2. Filosofia antiga I. Bini, Edson II. Título III. Série.

11-09065   CDD-185

Índices para catálogo sistemático:
1. Aristóteles : Obras filosóficas : 185
2. Retórica a Alexandre : Filosofia : 185

São Paulo: (11) 3107-7050 • Bauru: (14) 3234-4121
www.edipro.com.br • edipro@edipro.com.br
f @editoraedipro   📷 @editoraedipro

SUMÁRIO

CONSIDERAÇÕES DO TRADUTOR | 7

DADOS BIOGRÁFICOS | 9

ARISTÓTELES: SUA OBRA | 17

CRONOLOGIA | 35

RETÓRICA A ALEXANDRE | 37

CONSIDERAÇÕES DO
TRADUTOR

A *Retórica a Alexandre,* atribuída a Aristóteles, é um manual prático de oratória pública. Diferentemente da *Retórica,* do Estagirita, centra-se na abordagem da questão, por assim dizer "técnica", de como convencer o auditório, sem qualquer detido exame dos aspectos psicológicos, lógicos e principalmente éticos, que envolvem a prática da oratória.

Como de costume, os helenistas dividem-se quanto à sua origem e sua verdadeira autoria. A grande maioria deles, contudo, duvida num grau maior ou menor que seu autor tenha sido Aristóteles, exceto aqueles que sustentam a tese de a obra ter sido escrita pelo próprio Aristóteles, quando jovem, que posteriormente teria substituído esse texto incipiente e rudimentar pela *Retórica,* aceita unanimemente como de autoria do mestre do Liceu.

Sem entrar no mérito dessa polêmica de eruditos, de nossa parte, se não afirmamos ser a *Retórica a Alexandre* pura e simplesmente um apócrifo, ainda que competentemente escrito, classificamo-la seguramente como um texto suspeito.

Ao menos, sob o referencial do pensamento filosófico maduro do Estagirita, bem como daquele do estilo corrente que caracteriza seus escritos da maturidade, é muito difícil concluir pela autenticidade da autoria de Aristóteles.

O teor da *Retórica a Alexandre,* assim como o tipo de tratamento do tema, apontam, na verdade, muito mais para a autoria de um sofista, o que, equivale dizer, precisamente para a prática da retórica que Aristóteles não aceitava e combatia.

8 | RETÓRICA A ALEXANDRE

Entretanto, encarado nessa sua especificidade de manual prático de oratória produzido por um membro da escola sofística de retórica, este texto ora publicado pela *Edipro* apresenta qualidades indiscutíveis para o que se propõe, o que justifica plenamente a sua publicação, a propósito já justificada pelo simples fato de sua inclusão no *Corpus aristotelicum*, isto além da relevância, aqui paradoxal, da própria efetiva contribuição sofística à arte da retórica.

No que diz respeito à tradução, procuramos trabalhar a meio caminho entre a literalidade e a paráfrase, uma e outra, isoladamente, a nosso ver inconvenientes, sobretudo em uma tradução cujo propósito é apenas didático e humanisticamente formativo, sem qualquer pretensão erudita.

Os eventuais termos entre colchetes visam a completar conjeturalmente ideias nas quais ocorrem hiatos que comprometem seriamente a compreensão ou mesmo a impossibilitam.

As notas, também em consonância com o caráter didático e formativo da edição, têm função exclusiva de suporte instrucional, sendo somente informativas e elucidativas e, muito esporadicamente, críticas. Entretanto, devem ser consideradas como apêndices necessários da tradução.

Baseamo-nos nos textos de I. Bekker e M. Fuhrmann conjuntamente, além de ocasionalmente recorrermos a outros helenistas. Algumas variações são indicadas nas notas.

A numeração da edição referencial de Immanuel Bekker, de 1831, consta à margem esquerda das páginas, e revela-se instrumento utilíssimo na facilitação das consultas.

Pedimos ao leitor – legítimo juiz de nosso trabalho – que expresse sua opinião preciosa, não só possíveis elogios como também críticas e sugestões, que nos permitam reparar falhas e aprimorar as próximas edições.

DADOS
BIOGRÁFICOS

ARISTÓTELES NASCEU EM ESTAGIRA, cidade localizada no litoral noroeste da península da Calcídia, cerca de trezentos quilômetros a norte de Atenas. O ano de seu nascimento é duvidoso – 385 ou, mais provavelmente, 384 a.c.

Filho de Nicômaco e Féstias, seu pai era médico e membro da fraternidade ou corporação dos *Asclepíades* (Ἀσκληπιάδαι, ou seja, *filhos ou descendentes de Asclépios*, o deus da medicina). A arte médica era transmitida de pai para filho.

Médico particular de Amintas II (rei da Macedônia e avô de Alexandre), Nicômaco morreu quando Aristóteles tinha apenas sete anos, tendo desde então o menino sido educado por seu tio Proxeno.

Os fatos sobre a infância, a adolescência e a juventude de Aristóteles são escassos e dúbios. Presume-se que, durante o brevíssimo período que conviveu com o pai, este o tenha levado a Pela, capital da Macedônia ao norte da Grécia, e tenha sido iniciado nos rudimentos da medicina pelo pai e o tio. O fato indiscutível e relevante é que, aos 17 ou 18 anos, o jovem Estagirita se transferiu para Atenas e durante cerca de dezenove anos frequentou a *Academia* de Platão, deixando-a somente após a morte do mestre em 347 a.c., embora Diógenes Laércio (o maior dos biógrafos de Aristóteles, na antiguidade) afirme que ele a deixou enquanto Platão ainda era vivo.

Não há dúvida de que Aristóteles desenvolveu laços de amizade com seu mestre e foi um de seus discípulos favoritos. Mas foi Espeusipo que herdou a direção da Academia.

10 | RETÓRICA A ALEXANDRE

O leitor nos permitirá aqui uma ligeira digressão.

Espeusipo, inspirado no último e mais extenso diálogo de Platão (*As Leis*), conferiu à Academia um norteamento franca e profundamente marcado pelo orfismo pitagórico, o que resultou na rápida transformação da Academia platônica em um estabelecimento em que predominava o estudo e o ensino das matemáticas, trabalhando-se mais elementos de reflexão e princípios pitagóricos do que propriamente platônicos.

Divergindo frontalmente dessa orientação matematizante e mística da filosofia, Aristóteles abandonou a Academia acompanhado de outro discípulo de Platão, Xenócrates, o qual, contudo, retornaria posteriormente à Academia, aliando-se à orientação pitagorizante de Espeusipo, mas desenvolvendo uma concepção própria.

Os "fatos" que se seguem imediatamente se acham sob uma nuvem de obscuridade, dando margem a conjeturas discutíveis.

Alguns autores pretendem que, logo após ter deixado a Academia, Aristóteles abriu uma Escola de retórica com o intuito de concorrer com a famosa Escola de retórica de Isócrates. Entre os discípulos do Estagirita estaria o abastado Hérmias, que pouco tempo depois se tornaria tirano de Atarneu (ou Aterna), cidade-Estado grega na região da Eólida.

Outros autores, como o próprio Diógenes Laércio, preferem ignorar a hipótese da existência de tal Escola e não entrar em minúcias quanto às circunstâncias do início do relacionamento entre Aristóteles e Hérmias.

Diógenes Laércio limita-se a afirmar que alguns supunham que o eunuco Hérmias era um favorito de Aristóteles, e outros, diferentemente, sustentam que o relacionamento e o parentesco criados entre eles foram devidos ao casamento de Aristóteles com Pítia – filha adotiva, irmã ou sobrinha de Hérmias – não se sabe ao certo.

Um terceiro partido opta por omitir tal Escola e associa o encontro de Aristóteles com Hérmias indiretamente a dois discípulos de Platão e amigos do Estagirita, a saber, Erasto e Corisco, que haviam redigido uma Constituição para Hérmias e recebido apoio deste para fundar uma Escola platônica em Assos, junto a Atarneu.

O fato incontestável é que nosso filósofo (Aristóteles) conheceu o rico Hérmias, durante três anos ensinou na Escola platônica de Assos, patrocinada por ele, e em 344 a.C. desposou Pítia.

DADOS BIOGRÁFICOS | 11

Nessa Escola, nosso filósofo conheceu Teofrasto, que se tornaria o maior de seus discípulos. Pertence a esse período incipiente o primeiro trabalho filosófico de Aristóteles: *Da Filosofia*.

Após a invasão de Atarneu pelos persas e o assassinato de Hérmias, ocasião em que, segundo alguns autores, Aristóteles salvou a vida de Pítia providenciando sua fuga, dirigiu-se ele a Mitilene na ilha de Lesbos. Pouco tempo depois (em 343 ou 342 a.c.), aceitava a proposta de Filipe II para ser o preceptor de seu filho, Alexandre (então com treze anos) mudando-se para Pela. Na fase de Pela, o Estagirita escreveu duas obras que só sobreviveram fragmentariamente e em caráter transitório: *Da Monarquia* e *Da Colonização*. Nosso filósofo teria iniciado, também nesse período, a colossal *Constituições*, contendo a descrição e o estudo de 158 (ou, ao menos, 125) formas de governo em prática em toda a Grécia (desse alentadíssimo trabalho só restou para a posteridade a *Constituição de Atenas*).

Depois de haver subjugado várias cidades helênicas da costa do mar Egeu, e inclusive ter destruído Estagira (que ele próprio permitiria depois que fosse reconstruída por Aristóteles), Filipe II finalmente tomou Atenas e Tebas na célebre batalha de Queroneia, em 338 a.C.

Indiferente a esses fatos militares e políticos, o Estagirita prosseguiu como educador de Alexandre até a morte de Filipe e o início do reinado de Alexandre (335 a.C.). Retornou então a Atenas e fundou nesse mesmo ano sua Escola no Λύκειον (*Lýkeion – Liceu*), que era um ginásio localizado no nordeste de Atenas, junto ao templo de Apolo Lício, deus da luz, ou Λύκειος (*Lýkeios* – literalmente, *destruidor de lobos*).

O Liceu (já que o lugar emprestou seu nome à Escola de Aristóteles) situava-se em meio a um bosque (consagrado às Musas e a Apolo Lício) e era formado por um prédio, um jardim e uma alameda adequada ao passeio de pessoas que costumavam realizar uma *conversação caminhando* (περίπατος – *perípatos*), daí a filosofia aristotélica ser igualmente denominada filosofia *peripatética*, e sua Escola, Escola *peripatética*, referindo-se à tal alameda e especialmente ao hábito de o Estagirita e seus discípulos andarem por ali discutindo questões filosóficas.

A despeito de estar em Atenas, nosso filósofo permanecia informado das manobras político-militares de Alexandre por meio do chanceler macedônio e amigo, Antipater.

12 | RETÓRICA A ALEXANDRE

O período do Liceu (335-323 a.C.) foi, sem qualquer dúvida, o mais produtivo e fecundo na vida do filósofo de Estagira. Ele conjugava uma intensa atividade intelectual entre o ensino na Escola e a redação de suas obras. Durante a manhã, Aristóteles ministrava aulas restritas aos discípulos mais avançados, os chamados cursos *esotéricos* ou *acroamáticos*, os quais versavam geralmente sobre temas mais complexos e profundos de lógica, matemática, física e metafísica. Nos períodos vespertino e noturno, Aristóteles dava cursos abertos, acessíveis ao grande público (*exotéricos*), via de regra, de dialética e retórica. Teofrasto e Eudemo, seus principais discípulos, atuavam como assistentes e monitores, reforçando a explicação das lições aos discípulos e as anotando para que o mestre, com base nelas, redigisse depois suas obras.

A distinção entre cursos esotéricos e exotéricos e a consequente separação dos discípulos não eram motivadas por qualquer diferença entre um ensino secreto místico, reservado apenas a *iniciados,* e um ensino meramente religioso, ministrado aos profanos, nos moldes, por exemplo, das instituições dos pitagóricos.

Essa distinção era puramente pragmática, no sentido de organizar os cursos por nível de dificuldade (didática) e, sobretudo, restringir os cursos exotéricos àquilo que despertava o interesse da grande maioria dos atenienses, a saber, a dialética e a retórica.

Nessa fase áurea do Liceu, nosso filósofo também montou uma biblioteca incomparável, constituída por centenas de manuscritos e mapas, e um museu, que era uma combinação de jardim botânico e jardim zoológico, com uma profusão de espécimes vegetais e animais oriundos de diversas partes do Império de Alexandre Magno.

Que se acresça, a propósito, que o *curriculum* para o aprendizado que Aristóteles fixou nessa época para o Liceu foi a base para o *curriculum* das Universidades europeias durante mais de dois mil anos, ou seja, até o século XIX.

A morte prematura de Alexandre em 323 a.C. trouxe à baila novamente, como trouxera em 338 na derrota de Queroneia, um forte ânimo patriótico em Atenas, encabeçado por Demóstenes (o mesmo grande orador que insistia tanto no passado recente sobre a ameaça de Filipe). Isso, naturalmente, gerou um acentuado e ardente sentimento antimacedônico. Como era de se esperar, essa animosidade atingiu todos os gregos que entretinham, de um modo ou outro, relações com os macedônios.

Nosso filósofo viu-se, então, em uma situação bastante delicada, pois não apenas residira em Pela durante anos, cuidando da educação do futuro senhor do Império, como conservara uma correspondência regular com Antipater (braço direito de Alexandre), com quem estreitara um fervoroso vínculo de amizade. As constantes e generosas contribuições de Alexandre ao acervo do Liceu (biblioteca e museu) haviam passado a ser observadas com desconfiança, bem como a amizade "suspeita" do aristocrático e conservador filósofo que nunca ocultara sua antipatia pela democracia ateniense e que, às vezes, era duro na sua crítica aos próprios atenienses, como quando teria dito que "os atenienses criaram o trigo e as leis, mas enquanto utilizam o primeiro, esquecem as segundas".

Se somarmos ainda a esse campo minado sob os pés do Estagirita o fato de o Liceu ser rivalizado pela nacionalista Academia de Espeusipo e a democrática Escola de retórica de Isócrates, não nos espantaremos ao constatar que, muito depressa, os cidadãos atenienses começaram a alimentar em seus corações a suspeita de que Aristóteles era um *traidor*.

Segundo Diógenes Laércio, Aristóteles teria sido mesmo acusado de impiedade (cometendo-a ao render culto a um mortal e o divinizando) pelo sumo sacerdote Eurimédon ou por Demófilo.

Antes que sucedesse o pior, o sisudo e imperturbável pensador optou pelo exílio voluntário e abandonou seu querido Liceu e Atenas em 322 ou 321 a.C., transferindo-se para Cálcis, na Eubeia, terra de sua mãe. No Liceu o sucederam Teofrasto, Estráton, Lícon de Troas, Dicearco, Aristóxeno e Aríston de Cós.

Teria dito que agia daquela maneira "para evitar que mais um crime fosse perpetrado contra a filosofia", referindo-se certamente a Sócrates.

Mas viveria pouquíssimo em Cálcis. Morreu no mesmo ano de 322 ou 321, aos 63 anos, provavelmente vitimado por uma enfermidade gástrica de que sofria há muito tempo. Diógenes Laércio supõe, diferentemente, que Aristóteles teria se suicidado tomando cicuta, exatamente o que Sócrates tivera que ingerir, um mês após sua condenação à morte.

Aristóteles foi casado uma segunda vez (Pítia encontrara a morte pouco depois do assassinato de seu protetor, o tirano Hérmias) com Hérpile, uma jovem, como ele, de Estagira, e que lhe deu uma filha e o filho Nicômaco.

14 | RETÓRICA A ALEXANDRE

O testamenteiro de Aristóteles foi Antipater, e reproduzimos aqui seu testamento conforme Diógenes Laércio, que declara em sua obra *Vida, Doutrina e Sentenças dos Filósofos Ilustres* "(...) haver tido a sorte de lê-lo (...)":

"Tudo sucederá para o melhor, mas, na ocorrência de alguma fatalidade, são registradas aqui as seguintes disposições de vontade de Aristóteles. Antipater será, para todos os efeitos, meu testamenteiro. Até a maioridade de Nicanor, desejo que Aristomeno, Timarco, Hiparco, Dióteles e Teofrasto (se aceitar e estiver capacitado para esta responsabilidade) sejam os tutores e curadores de meus filhos, de Hérpile e de todos os meus bens. Uma vez alcance minha filha a idade necessária, que seja concedida como esposa a Nicanor. Se algum mal abater-se sobre ela – prazam os deuses que não – antes ou depois de seu casamento, antes de ter filhos, caberá a Nicanor deliberar sobre meu filho e sobre meus bens, conforme a ele pareça digno de si e de mim. Nicanor assumirá o cuidado de minha filha e de meu filho Nicômaco, zelando para que nada lhes falte, sendo para eles tal como um pai e um irmão. Caso venha a suceder algo antes a Nicanor – que seja afastado para distante o agouro – antes ou depois de ter casado com minha filha, antes de ter filhos, todas as suas deliberações serão executórias, e se, inclusive, for o desejo de Teofrasto viver com minha filha, que tudo seja como parecer melhor a Nicanor. Em caso contrário, os tutores decidirão com Antipater a respeito de minha filha e de meu filho, segundo o que lhes afigure mais apropriado. Deverão ainda os tutores e Nicanor considerar minhas relações com Hérpile (pois foi-me ela leal) e dela cuidar em todos os aspectos. Caso ela deseje um esposo, cuidarão para que seja concedida a um homem que não seja indigno de mim.

A ela deverão entregar, além daquilo que já lhe dei, um talento de prata retirado de minha herança, três escravas (se as quiser), a pequena escrava que já possuía e o pequeno Pirraio; e se desejar viver em Cálcis, a ela será dada a casa existente no jardim; se Estagira for de sua preferência, a ela caberá a casa de meus pais. De qualquer maneira, os tutores mobiliarão a casa do modo que lhes parecer mais próprio e satisfatório a Hérpile. A Nicanor também caberá a tarefa de fazer retornar dignamente à casa de seus pais o meu benjamim Myrmex, acompanhado de todos os dons que dele recebi. Que Ambracis seja libertada, dando-se-lhe por ocasião do casamento de minha filha quinhentas dracmas, bem como a menina que ela mantém como serva. A Tales dar-se-á, somando-se à menina que adquiriu, mil dracmas e uma pequena escrava. Para Simão, além do dinheiro que já lhe foi entregue para a compra de um escravo, deverá ser comprado um outro ou dar-lhe dinheiro. Tácon será libertado no dia da celebração do casamento de minha filha, e juntamente com ele Fílon, Olímpio e seu filho. Proíbo que quaisquer dos escravos que estavam a meu serviço sejam vendidos, mas que sejam empregados; serão conservados até atingirem idade suficiente para serem libertados como mostra de recompensa por seu merecimento. Cuidar-se-ão também das estátuas que encomendei a Grilion. Uma vez prontas, serão consagradas. Essas estátuas são aquelas de Nicanor, de Proxeno, que era desígnio fazer, e a da mãe de Nicanor. A de Arimnesto, cuja confecção já findou, será consagrada para o não desaparecimento de sua memória, visto que morreu sem filhos. A imagem de minha mãe será instalada no templo de Deméter em Nemeia (sendo a esta deusa dedicada) ou noutro lugar que for preferido. De uma maneira ou de outra, as ossadas de Pítia, como era seu desejo, deverão ser depositadas no local em que meu túmulo for erigido. Enfim, Nicanor, se preservado entre vós (conforme o voto que realizei em seu nome), consagrará as estátuas de pedra de quatro côvados de altura a Zeus salvador e à Atena salvadora em Estagira.".

ARISTÓTELES:
SUA OBRA

A OBRA DE ARISTÓTELES FOI TÃO VASTA e diversificada que nos permite traçar uma pequena história a seu respeito.

Mas antes disso devemos mencionar algumas dificuldades ligadas à bibliografia do Estagirita, algumas partilhadas por ele com outras figuras célebres da Antiguidade e outras que lhe são peculiares.

A primeira barreira que nos separa do Aristóteles *integral*, por assim dizer, é o fato de muitos de seus escritos não terem chegado a nós ou – para nos situarmos no tempo – à aurora da Era Cristã e à Idade Média.

A quase totalidade dos trabalhos de outros autores antigos, como é notório, teve o mesmo destino, particularmente as obras dos filósofos pré-socráticos. A preservação de manuscritos geralmente únicos ao longo de séculos constituía uma dificuldade espinhosa por razões bastante compreensíveis e óbvias.

No que toca a Aristóteles, há obras que foram perdidas na sua íntegra; outras chegaram a nós parciais ou muito incompletas; de outras restaram apenas fragmentos; outras, ainda, embora estruturalmente íntegras, apresentam lacunas facilmente perceptíveis ou mutilações.

Seguramente, entre esses escritos perdidos existem muitos cujos assuntos tratados nem sequer conhecemos. De outros estamos cientes dos temas. Vários parecem definitivamente perdidos e outros são atualmente objeto de busca.

Além do esforço despendido em tal busca, há um empenho no sentido de reconstituir certas obras com base nos fragmentos.

18 | RETÓRICA A ALEXANDRE

É quase certo que boa parte da perda irreparável da obra aristotélica tenha sido causada pelo incêndio da Biblioteca de Alexandria, em que foram consumidos tratados não só de pensadores da época de Aristóteles (presumivelmente de Epicuro, dos estoicos, dos céticos etc.), como também de pré-socráticos e de filósofos gregos dos séculos III e II a.c., como dos astrônomos Eratóstenes e Hiparco, que atuavam brilhante e devotadamente na própria Biblioteca. Mais tarde, no fim do século IV d.c., uma multidão de cristãos fanáticos invadiu e depredou a Biblioteca, ocorrendo mais uma vez a destruição de centenas de manuscritos. O coroamento da fúria dos ignorantes na sua intolerância religiosa contra o imenso saber helênico (paganismo) ocorreu em 415 d.c., quando a filósofa (astrônoma) Hipácia, destacada docente da Biblioteca, foi perseguida e lapidada por um grupo de cristãos, que depois arrastaram seu corpo mutilado pelas ruas de Alexandria.

Uma das obras consumidas no incêndio supracitado foi o estudo que Aristóteles empreendeu sobre, no mínimo, 125 governos gregos.

Juntam-se, tristemente, a esse monumental trabalho irremediavelmente perdido: uma tradução especial do poeta Homero que Aristóteles teria executado para seu pupilo Alexandre; um estudo sobre belicismo e direitos territoriais; um outro sobre as línguas dos povos bárbaros; e quase todas as obras *exotéricas* (poemas, epístolas, diálogos etc.).

Entre os achados tardios, deve-se mencionar a *Constituição de Atenas*, descoberta só muito recentemente, no século XIX.

Quanto aos escritos incompletos, o exemplo mais conspícuo é a *Poética*, em cujo texto, de todas as artes poéticas que nosso filósofo se propõe a examinar, as únicas presentes são a tragédia e a poesia épica.

Outra dificuldade que afeta a obra de Aristóteles, esta inerente ao próprio filósofo, é a diferença de caráter e teor de seus escritos, os quais são classificados em *exotéricos* e *acroamáticos* (ou *esotéricos*), aos quais já nos referimos, mas que requerem aqui maior atenção.

Os exotéricos eram os escritos (geralmente sob forma de epístolas, diálogos e transcrições das palestras de Aristóteles com seus discípulos e principalmente das aulas públicas de retórica e dialética) cujo teor não era tão profundo, sendo acessíveis ao público cm geral e versando especialmente sobre retórica e dialética. Os acroamáticos ou esotéricos eram precisamente os escritos de conteúdo mais aprofundado, minucioso e complexo (mais propriamente filosóficos, versando sobre física, metafísica, ética, política etc.), e que, durante o período no qual predominou em Atenas uma disposição marcantemente antimacedônica, circulavam exclusivamente nas mãos dos discípulos e amigos do Estagirita.

Até meados do século I a.C., as obras conhecidas de Aristóteles eram somente as exotéricas. As acroamáticas ou esotéricas permaneceram pelo arco das existências do filósofo, de seus amigos e discípulos sob o rigoroso controle destes, destinadas apenas à leitura e ao estudo deles mesmos. Com a morte dos integrantes desse círculo aristotélico fechado, as obras acroamáticas (por certo o melhor do Estagirita) ficaram mofando em uma adega na casa de Corisco por quase 300 anos.

O resultado inevitável disso, como se pode facilmente deduzir, é que por todo esse tempo julgou-se que o pensamento filosófico de Aristóteles era apenas o que estava contido nos escritos exotéricos, que não só foram redigidos no estilo de Platão (epístolas e diálogos), como primam por questionamentos tipicamente platônicos, além de muitos deles não passarem, a rigor, de textos rudimentares ou meros esboços, falhos tanto do ponto de vista formal e redacional quanto carentes de critério expositivo, dificilmente podendo ser considerados rigorosamente como *tratados* filosóficos.

Foi somente por volta do ano 50 a.C. que descobriram que na adega de Corisco não havia *unicamente* vinho.

Os escritos acroamáticos foram, então, transferidos para Atenas e, com a invasão dos romanos, nada apáticos em relação à cultura grega, enviados a Roma.

Nessa oportunidade, Andrônico de Rodes juntou os escritos acroamáticos aos exotéricos, e o mundo ocidental se deu conta do verdadeiro filão do pensamento aristotélico, reconhecendo sua originalidade e envergadura. O Estagirita, até então tido como um simples discípulo de Platão, assumiu sua merecida importância como grande pensador capaz de ombrear-se com o próprio mestre.

Andrônico de Rodes conferiu ao conjunto da obra aristotélica a organização que acatamos basicamente até hoje. Os escritos exotéricos, entretanto, agora ofuscados pelos acroamáticos, foram preteridos por estes, descurados e acabaram desaparecendo quase na sua totalidade.

20 | RETÓRICA A ALEXANDRE

A terceira dificuldade que nos furta o acesso à integridade da obra aristotélica é a existência dos *apócrifos* e dos *suspeitos*.

O próprio volume imenso da obra do Estagirita acena para a possibilidade da presença de colaboradores entre os seus discípulos mais chegados, especialmente Teofrasto. Há obras de estilo e terminologia perceptivelmente diferentes dos correntemente empregados por Aristóteles, entre elas a famosa *Problemas* (que trata dos temas mais diversos, inclusive a magia), a *Economia* (síntese da primeira parte da *Política*) e *Do Espírito*, sobre fisiologia e psicologia, e que não deve ser confundida com *Da Alma*, certamente de autoria exclusiva de Aristóteles.

O maior problema, contudo, ao qual foi submetida a obra aristotélica, encontra sua causa no tortuoso percurso linguístico e cultural de que ela foi objeto até atingir a Europa cristã.

Apesar do enorme interesse despertado pela descoberta dos textos acroamáticos ou esotéricos em meados do último século antes de Cristo, o mundo culto ocidental (então, a Europa) não demoraria a ser tomado pela fé cristã e a seguir pela cristianização oficial estabelecida pela Igreja, mesmo ainda sob o Império romano.

A cristianização do Império romano permitiu aos poderosos Padres da Igreja incluir a filosofia grega no contexto da manifestação pagã, convertendo o seu cultivo em prática herética. A filosofia aristotélica foi condenada e seu estudo posto na ilegalidade. Entretanto, com a divisão do Império romano em 385 d.C., o *corpus aristotelicum* composto por Andrônico de Rodes foi levado de Roma para Alexandria.

Foi no Império romano do Oriente (Império bizantino) que a obra de Aristóteles voltou a ser regularmente lida, apreciada e finalmente *traduzida*... para o árabe (língua semita que, como sabemos, não entretém qualquer afinidade com o grego) a partir do século X.

Portanto, o *primeiro* Aristóteles *traduzido* foi o dos grandes filósofos árabes, particularmente Avicena (*Ibn Sina*, morto em 1036) e Averróis (*Ibn Roschd*, falecido em 1198), ambos exegetas de Aristóteles, sendo o último considerado o mais importante dos *peripatéticos árabes* da Espanha, e *não* o da latinidade representada fundamentalmente por Santo Tomás de Aquino.

Mas, voltando no tempo, ainda no século III, os Padres da Igreja (homens de ferro, como Tertuliano, decididos a consolidar institucionalmen-

ARISTÓTELES: SUA OBRA | 21

te o cristianismo oficial a qualquer custo) concluíram que a filosofia helênica, em lugar de ser combatida, poderia se revelar um poderoso instrumento para a legitimação e o fortalecimento intelectual da doutrina cristã. Porém, de que filosofia grega dispunham em primeira mão? Somente do neoplatonismo e do estoicismo, doutrinas filosóficas gregas que, de fato, se mostravam conciliáveis com o cristianismo, especialmente o último, que experimentara uma séria continuidade romana graças a figuras como Sêneca, Epíteto e o imperador Marco Aurélio Antonino.

Sob os protestos dos representantes do neoplatonismo (Porfírio, Jâmblico, Proclo etc.), ocorreu uma apropriação do pensamento grego por parte da Igreja. Situação delicadíssima para os últimos filósofos gregos, que, se por um lado podiam perder suas cabeças por sustentar a distinção e/ou oposição do pensamento grego ao cristianismo, por outro tinham de admitir o fato de muitos de seus próprios discípulos estarem se convertendo a ele, inclusive através de uma tentativa de compatibilizá-lo não só com Platão, como também com Aristóteles, de modo a torná-los "aceitáveis" para a Igreja.

Assim, aquilo que ousaremos chamar de *apropriação do pensamento filosófico grego* foi encetado inicialmente pelos próprios discípulos dos neoplatônicos, e se consubstanciou na conciliação do cristianismo (mais exatamente a teologia cristã que principiava a ser construída e estruturada naquela época) primeiramente com o platonismo, via neoplatonismo, e depois com o aristotelismo, não tendo sido disso pioneiros nem os grandes vultos da patrística (São Justino, Clemente de Alexandria, Orígenes e mesmo Santo Agostinho) relativamente a Platão, nem aqueles da escolástica (John Scot Erigene e Santo Tomás de Aquino) relativamente a Aristóteles.

A primeira consequência desse "remanejamento" filosófico foi nivelar Platão com Aristóteles. Afinal, não se tratava de estudar a fundo e exaustivamente os grandes sistemas filosóficos gregos – os pragmáticos Padres da Igreja viam o vigoroso pensamento helênico meramente como um precioso veículo a atender seu objetivo, ou seja, propiciar fundamento e conteúdo filosóficos à incipiente teologia cristã.

Os discípulos cristãos dos neoplatônicos não tiveram, todavia, acesso aos manuscritos originais do *corpus aristotelicum*.

Foi por meio da conquista militar da península ibérica e da região do mar Mediterrâneo pelas tropas cristãs, inclusive durante as Cruzadas, que os cristãos voltaram a ter contato com as obras do Estagirita, precisamen-

22 | RETÓRICA A ALEXANDRE

te por intermédio dos *infiéis*, ou seja, tiveram acesso às *traduções e paráfrases* árabes (e mesmo hebraicas) a que nos referimos anteriormente.

A partir do século XII começaram a surgir as primeiras traduções latinas (latim erudito) da obra de Aristóteles. Conclusão: o Aristóteles linguística e culturalmente original, durante séculos, jamais frequentou a Europa medieval.

Tanto Andrônico de Rodes, no século I a.c., ao estabelecer o *corpus aristotelicum,* quanto o neoplatônico Porfírio, no século III, ressaltaram nesse *corpus* o Ὄργανον (*Órganon* – série de tratados dedicados à lógica, ou melhor, à *Analítica,* no dizer de Aristóteles) e sustentaram a ampla divergência doutrinária entre os pensamentos de Platão e de Aristóteles. Os discípulos cristãos dos neoplatônicos, a partir da alvorada do século III, deram realce à lógica, à física e à retórica, e levaram a cabo a proeza certamente falaciosa de conciliar os dois maiores filósofos da Grécia. Quanto aos estoicos romanos, também prestigiaram a lógica aristotélica, mas deram destaque à ética, não nivelando Aristóteles com Platão, mas os aproximando.

O fato é que a Igreja obteve pleno êxito no seu intento, graças à inteligência e à sensibilidade agudas de homens como o bispo de Hipona, Aurélio Agostinho (Santo Agostinho – 354-430 d.C.) e o dominicano oriundo de Nápoles, Tomás de Aquino (Santo Tomás – 1224-1274), que se revelaram vigorosos e fecundos teólogos, superando o papel menor de meros intérpretes e *aproveitadores* das originalíssimas concepções gregas.

Quanto a Aristóteles, a Igreja foi muito mais além e transformou *il filosofo* (como Aquino o chamava) na suma e única autoridade do conhecimento, com o que, mais uma vez, utilizava o pensamento grego para alicerçar os dogmas da cristandade e, principalmente, respaldar e legitimar sua intensa atividade política oficial e extraoficial, caracterizada pelo autoritarismo e pela centralização do poder em toda a Europa.

Se, por um lado, o Estagirita sentir-se-ia certamente lisonjeado com tal posição, por outro, quem conhece seu pensamento sabe que também certamente questionaria o próprio *conceito* de autoridade exclusiva do conhecimento.

Com base na clássica ordenação do *corpus aristotelicum* de Andrônico de Rodes, pode-se classificar os escritos do Estagirita da maneira que se segue (note-se que esta relação não corresponde exatamente ao extenso elenco elaborado por Diógenes Laércio posteriormente no século III d.C. e que nela não se cogita a questão dos apócrifos e suspeitos).

ARISTÓTELES: SUA OBRA | 23

1. Escritos sob a influência de Platão, mas já detendo caráter crítico em relação ao pensamento platônico:[*]

— *Poemas*;[*]

— *Eudemo* (diálogo cujo tema é a alma, abordando a imortalidade, a reminiscência e a imaterialidade);

— *Protrépticos*[*] (epístola na qual Aristóteles se ocupa de metafísica, ética, política e psicologia);

— *Da Monarquia*;[*]

— *Da Colonização*;[*]

— *Constituições*;[*]

— *Da Filosofia*[*] (diálogo constituído de três partes: a *primeira*, histórica, encerra uma síntese do pensamento filosófico desenvolvido até então, inclusive o pensamento egípcio; a *segunda* contém uma crítica à teoria das Ideias de Platão; e a *terceira* apresenta uma exposição das primeiras concepções aristotélicas, onde se destaca a concepção do *Primeiro Motor Imóvel*);

— *Metafísica*[*] (esboço e porção da futura Metafísica completa e definitiva);

— *Ética a Eudemo* (escrito parcialmente exotérico que, exceto pelos Livros IV, V e VI, será substituído pelo texto acroamático definitivo *Ética a Nicômaco*);

— *Política*[*] (esboço da futura *Política*, no qual já estão presentes a crítica à República de Platão e a teoria das três formas de governo originais e puras e as três derivadas e degeneradas);

— *Física*[*] (esboço e porção – Livros I e II – da futura *Física*; já constam aqui os conceitos de matéria, forma, potência, ato e a doutrina do movimento);

— *Do Céu* (nesta obra, Aristóteles faz a crítica ao *Timeu* de Platão e estabelece os princípios de sua cosmologia com a doutrina dos cinco elementos e a doutrina da eternidade do mundo e sua finitude espacial; trata ainda do tema da geração e corrupção).

---

[*]. Os asteriscos indicam os escritos perdidos após o primeiro século da Era Cristã e quase todos exotéricos; das 125 (ou 158) *Constituições*, a de Atenas (inteiramente desconhecida de Andrônico de Rodes) foi descoberta somente em 1880.

24 | RETÓRICA A ALEXANDRE

2. Escritos da maturidade (principalmente desenvolvidos e redigidos no período do Liceu – 335 a 323 a.c.):

— A *Analítica* ou *Órganon*, como a chamaram os bizantinos por ser o Ὄργανον (instrumento, veículo, ferramenta e propedêutica) das ciências (trata da lógica – regras do pensamento correto e científico, sendo composto por seis tratados, a saber: Categorias, Da Interpretação, Analíticos Anteriores, Analíticos Posteriores, Tópicos e Refutações Sofísticas);

— *Física* (não contém um único tema, mas vários, entrelaçando e somando oito Livros de física, quatro de cosmologia [intitulados *Do Céu*], dois que tratam especificamente da geração e corrupção, quatro de meteorologia [intitulados *Dos Meteoros*], Livros de zoologia [intitulados *Da Investigação sobre os Animais, Da Geração dos Animais, Da Marcha dos Animais, Do Movimento dos Animais, Das Partes dos Animais*] e três Livros de psicologia [intitulados *Da Alma*]);

— *Metafísica* (termo cunhado por Andrônico de Rodes por mero motivo organizatório, ou seja, ao examinar todo o conjunto da obra aristotélica, no século I a.c., notou que esse tratado se apresentava *depois* [μετά] do tratado da *Física*) (é a obra em que Aristóteles se devota à filosofia primeira ou filosofia teológica, quer dizer, à ciência que investiga as causas primeiras e universais do ser, *o ser enquanto ser;* o tratado é composto de quatorze Livros);

— *Ética a Nicômaco* (em dez Livros, trata dos principais aspectos da ciência da ação individual, a ética, tais como o bem, as virtudes, os vícios, as paixões, os desejos, a amizade, o prazer, a dor, a felicidade etc.);

— *Política* (em oito Livros, trata dos vários aspectos da ciência da ação do indivíduo como animal social (*político*): a família e a economia, as doutrinas políticas, os conceitos políticos, o caráter dos Estados e dos cidadãos, as formas de governo, as transformações e revoluções nos Estados, a educação do cidadão etc.);

— *Retórica*[*] (em três Livros);

— *Poética* (em um Livro, mas incompleta).

---

[*]. Escrito exotérico, mas não perdido.

ARISTÓTELES: SUA OBRA | 25

A relação que transcrevemos a seguir, de Diógenes Laércio (século III), é muito maior, e esse biógrafo, como o organizador do *corpus aristotelicum*, não se atém à questão dos escritos perdidos, recuperados, adulterados, mutilados, e muito menos ao problema dos apócrifos e suspeitos, que só vieram efetivamente à tona a partir do helenismo moderno. O critério classificatório de Diógenes é, também, um tanto diverso daquele de Andrônico e ele faz o célebre introito elogioso a Aristóteles, a saber:

"Ele escreveu um vasto número de livros que julguei apropriado elencar, dada a excelência desse homem em todos os campos de investigação:

— *Da Justiça*, quatro Livros;

— *Dos Poetas*, três Livros;

— *Da Filosofia*, três Livros;

— *Do Político*, dois Livros;

— *Da Retórica* ou *Grylos*, um Livro;

— *Nerinto*, um Livro;

— *Sofista*, um Livro;

— *Menexeno*, um Livro;

— *Erótico*, um Livro;

— *Banquete*, um Livro;

— *Da Riqueza*, um Livro;

— *Protréptico*, um Livro;

— *Da Alma*, um Livro;

— *Da Prece*, um Livro;

— *Do Bom Nascimento*, um Livro;

— *Do Prazer*, um Livro;

— *Alexandre*, ou *Da Colonização*, um Livro;

— *Da Realeza*, um Livro;

— *Da Educação*, um Livro;

— *Do Bem*, três Livros;

— *Excertos de As Leis de Platão*, três Livros;

— *Excertos da República de Platão*, dois Livros;

— *Economia*, um Livro;

26 | RETÓRICA A ALEXANDRE

— *Da Amizade*, um Livro;

— *Do ser afetado ou ter sido afetado*, um Livro;

— *Das Ciências*, dois Livros;

— *Da Erística*, dois Livros;

— *Soluções Erísticas*, quatro Livros;

— *Cisões Sofísticas*, quatro Livros;

— *Dos Contrários*, um Livro;

— *Dos Gêneros e Espécies*, um Livro;

— *Das Propriedades*, um Livro;

— *Notas sobre os Argumentos*, três Livros;

— *Proposições sobre a Excelência*, três Livros;

— *Objeções*, um Livro;

— *Das coisas faladas de várias formas ou por acréscimo*, um Livro;

— *Dos Sentimentos* ou *Do Ódio*, um Livro;

— *Ética*, cinco Livros;

— *Dos Elementos*, três Livros;

— *Do Conhecimento*, um Livro;

— *Dos Princípios*, um Livro;

— *Divisões*, dezesseis Livros;

— *Divisão*, um Livro;

— *Da Questão e Resposta*, dois Livros;

— *Do Movimento*, dois Livros;

— *Proposições Erísticas*, quatro Livros;

— *Deduções*, um Livro;

— *Analíticos Anteriores*, nove Livros;

— *Analíticos Posteriores*, dois Livros;

— *Problemas*, um Livro;

— *Metódica*, oito Livros;

— *Do mais excelente*, um Livro;

— *Da Ideia*, um Livro;

— *Definições Anteriores aos Tópicos*, um Livro;

— *Tópicos*, sete Livros;

ARISTÓTELES: SUA OBRA | 27

— *Deduções*, dois Livros;
— *Deduções e Definições*, um Livro;
— *Do Desejável e Dos Acidentes*, um Livro;
— *Pré-tópicos*, um Livro;
— *Tópicos voltados para Definições*, dois Livros;
— *Sensações*, um Livro;
— *Matemáticas*, um Livro;
— *Definições*, treze Livros;
— *Argumentos*, dois Livros;
— *Do Prazer*, um Livro;
— *Proposições*, um Livro;
— *Do Voluntário*, um Livro;
— *Do Nobre*, um Livro;
— *Teses Argumentativas*, vinte e cinco Livros;
— *Teses sobre o Amor*, quatro Livros;
— *Teses sobre a Amizade*, dois Livros;
— *Teses sobre a Alma*, um Livro;
— *Política*, dois Livros;
— *Palestras sobre Política* (como as de Teofrasto), oito Livros;
— *Dos Atos Justos*, dois Livros;
— *Coleção de Artes*, dois Livros
— *Arte da Retórica*, dois Livros;
— *Arte*, um Livro;
— *Arte* (uma outra obra), dois Livros;
— *Metódica*, um Livro;
— *Coleção da Arte de Teodectes*, um Livro;
— *Tratado sobre a Arte da Poesia*, dois Livros;
— *Entimemas Retóricos*, um Livro;
— *Da Magnitude*, um Livro;
— *Divisões de Entimemas*, um Livro;
— *Da Dicção*, dois Livros;
— *Dos Conselhos*, um Livro;

28 | RETÓRICA A ALEXANDRE

— *Coleção*, dois Livros;
— *Da Natureza*, três Livros;
— *Natureza*, um Livro;
— *Da Filosofia de Árquitas*, três Livros;
— *Da Filosofia de Espeusipo e Xenócrates*, um Livro;
— *Excertos do Timeu e dos Trabalhos de Árquitas*, um Livro;
— *Contra Melisso*, um Livro;
— *Contra Alcméon*, um Livro;
— *Contra os Pitagóricos*, um Livro;
— *Contra Górgias*, um Livro;
— *Contra Xenófanes*, um Livro;
— *Contra Zenão*, um Livro;
— *Dos Pitagóricos*, um Livro;
— *Dos Animais*, nove Livros;
— *Dissecações*, oito Livros;
— *Seleção de Dissecações*, um Livro;
— *Dos Animais Complexos*, um Livro;
— *Dos Animais Mitológicos*, um Livro;
— *Da Esterilidade*, um Livro;
— *Das Plantas*, dois Livros
— *Fisiognomonia*, um Livro;
— *Medicina*, dois Livros;
— *Das Unidades*, um Livro;
— *Sinais de Tempestade*, um Livro;
— *Astronomia*, um Livro;
— *Ótica*, um Livro;
— *Do Movimento*, um Livro;
— *Da Música*, um Livro;
— *Memória*, um Livro;
— *Problemas Homéricos*, seis Livros;
— *Poética*, um Livro;
— *Física* (por ordem alfabética), trinta e oito Livros;

ARISTÓTELES: SUA OBRA | 29

— *Problemas Adicionais*, dois Livros;

— *Problemas Padrões*, dois Livros;

— *Mecânica*, um Livro;

— *Problemas de Demócrito*, dois Livros;

— *Do Magneto*, um Livro;

— *Conjunções dos Astros*, um Livro;

— *Miscelânea*, doze Livros;

— *Explicações* (ordenadas por assunto), catorze Livros;

— *Afirmações*, um Livro;

— *Vencedores Olímpicos*, um Livro;

— *Vencedores Píticos na Música*, um Livro;

— *Sobre Píton*, um Livro;

— *Listas dos Vencedores Píticos*, um Livro;

— *Vitórias em Dionísia*, um Livro;

— *Das Tragédias*, um Livro;

— *Didascálias*, um Livro;

— *Provérbios*, um Livro;

— *Regras para os Repastos em Comum*, um Livro;

— *Leis*, quatro Livros;

— *Categorias*, um Livro;

— *Da Interpretação*, um Livro;

— *Constituições de 158 Estados* (ordenadas por tipo: democráticas, oligárquicas, tirânicas, aristocráticas);

— *Cartas a Filipe*;

— *Cartas sobre os Selimbrianos*;

— *Cartas a Alexandre* (4), *a Antipater* (9), *a Mentor* (1), *a Aríston* (1), *a Olímpias* (1), *a Hefaístion* (1), *a Temistágoras* (1), *a Filoxeno* (1), *a Demócrito* (1);

— *Poemas*;

— *Elegias*.

Curiosamente, esse elenco gigantesco não é, decerto, exaustivo, pois, no mínimo, duas outras fontes da investigação bibliográfica de Aristóteles apontam títulos adicionais, inclusive alguns dos mais importantes da

30 | RETÓRICA A ALEXANDRE

lavra do Estagirita, como a *Metafísica* e a *Ética a Nicômaco*. Uma delas é a *Vita Menagiana*, cuja conclusão da análise acresce:

— *Peplos*;

— *Problemas Hesiódicos*, um Livro;

— *Metafísica*, dez Livros;

— *Ciclo dos Poetas*, três Livros;

— *Contestações Sofísticas ou Da Erística*;

— *Problemas dos Repastos Comuns*, três Livros;

— *Da Bênção, ou por que Homero inventou o gado do sol?*;

— *Problemas de Arquíloco, Eurípides, Quoirilos*, três Livros;

— *Problemas Poéticos*, um Livro;

— *Explicações Poéticas*;

— *Palestras sobre Física*, dezesseis Livros;

— *Da Geração e Corrupção*, dois Livros;

— *Meteorológica*, quatro Livros;

— *Da Alma*, três Livros;

— *Investigação sobre os Animais*, dez Livros;

— *Movimento dos Animais*, três Livros;

— *Partes dos Animais*, três Livros;

— *Geração dos Animais*, três Livros;

— *Da Elevação do Nilo*;

— *Da Substância nas Matemáticas*;

— *Da Reputação*;

— *Da Voz*;

— *Da Vida em Comum de Marido e Mulher*;

— *Leis para o Esposo e a Esposa*;

— *Do Tempo*;

— *Da Visão*, dois Livros;

— *Ética a Nicômaco*;

— *A Arte da Eulogia*;

— *Das Coisas Maravilhosas Ouvidas*;

— *Da Diferença*;

— *Da Natureza Humana*;

— *Da Geração do Mundo*;

— *Costumes dos Romanos*;

— *Coleção de Costumes Estrangeiros*.

A *Vida de Ptolomeu*, por sua vez, junta os títulos a seguir:

— *Das Linhas Indivisíveis*, três Livros;

— *Do Espírito*, três Livros;

— *Da Hibernação*, um Livro;

— *Magna Moralia*, dois Livros;

— *Dos Céus e do Universo*, quatro Livros;

— *Dos Sentidos e Sensibilidade*, um Livro;

— *Da Memória e Sono*, um Livro;

— *Da Longevidade e Efemeridade da Vida*, um Livro;

— *Problemas da Matéria*, um Livro;

— *Divisões Platônicas*, seis Livros;

— *Divisões de Hipóteses*, seis Livros;

— *Preceitos*, quatro Livros;

— *Do Regime*, um Livro;

— *Da Agricultura*, quinze Livros;

— *Da Umidade*, um Livro;

— *Da Secura*, um Livro;

— *Dos Parentes*, um Livro.

A contemplar essa imensa produção intelectual (a maior parte da qual irreversivelmente desaparecida ou destruída), impossível encarar a questão central dos apócrifos e dos suspeitos como polêmica. Trata-se, apenas, de um fato cultural em que possam se debruçar especialistas e eruditos. Nem se o gênio de Estagira dispusesse dos atuais recursos de preparação e produção editoriais (digitação eletrônica, impressão a *laser*, *scanners* etc.) e não meramente de redatores e copiadores de manuscritos, poderia produzir isolada e individualmente uma obra dessa extensão e magnitude, além do que, que se frise, nos muitos apócrifos indiscutíveis, o pensamento filosófico ali contido *persiste* sendo do intelecto brilhante de um só homem: Aristóteles; ou seja, se a forma e a redação não são de Aristóteles, o conteúdo certamente é.

32 | RETÓRICA A ALEXANDRE

A relação final a ser apresentada é do que dispomos hoje de Aristóteles, considerando-se as melhores edições das obras completas do Estagirita, baseadas nos mais recentes estudos e pesquisas dos maiores helenistas dos séculos XIX e XX. À exceção da *Constituição de Atenas*, descoberta em 1880 e dos *Fragmentos*, garimpados e editados em inglês por W. D. Ross em 1954, essa relação corresponde *verbatim* àquela da edição de Immanuel Bekker (que permanece padrão e referencial), surgida em Berlim em 1831. É de se enfatizar que este elenco, graças ao empenho de Bekker (certamente o maior erudito aristotelista de todos os tempos) encerra também uma ordem provável, ou ao menos presumível, do desenvolvimento da reflexão peripatética ou, pelos menos, da redação das obras (insinuando certa continuidade), o que sugere um excelente guia e critério de estudo para aqueles que desejam ler e se aprofundar na totalidade da obra aristotélica, mesmo porque a interconexão e progressão das disciplinas filosóficas (exemplo: *economia – ética – política*) constituem parte indubitável da técnica expositiva de Aristóteles. Disso ficam fora, obviamente, a *Constituição de Atenas* e os *Fragmentos*. Observe-se, contudo, que a ordem a seguir não corresponde exatamente à ordem numérica progressiva do conjunto das obras.

Eis a relação:

— *Categorias* (ΚΑΤΗΓΟΡΙΑΙ);

— *Da Interpretação* (ΠΕΡΙ ΕΡΜΗΝΕΙΑΣ);

— *Analíticos Anteriores* (ΑΝΑΛΥΤΙΚΩΝ ΠΡΟΤΕΡΩΝ);

— *Analíticos Posteriores* (ΑΝΑΛΥΤΙΚΩΝ ΥΣΤΕΡΩΝ);

— *Tópicos* (ΤΟΠΙΚΑ);

— *Refutações Sofísticas* (ΠΕΡΙ ΣΟΦΙΣΤΙΚΩΝ ΕΛΕΓΧΩΝ);

    Obs.: o conjunto desses seis primeiros tratados é conhecido como *Órganon* (ΟΡΓΑΝΟΝ).

— *Da Geração e Corrupção* (ΠΕΡΙ ΓΕΝΕΣΕΩΣ ΚΑΙ ΦΘΟΡΑΣ);

— *Do Universo* (ΠΕΡΙ ΚΟΣΜΟΥ);[*]

— *Física* (ΦΥΣΙΚΗ);

— *Do Céu* (ΠΕΡΙ ΟΥΡΑΝΟΥ);

— *Meteorologia* (ΜΕΤΕΩΡΟΛΟΓΙΚΩΝ);

— *Da Alma* (ΠΕΡΙ ΨΥΧΗΣ);

---

[*]. Suspeito.

ARISTÓTELES: SUA OBRA | 33

— *Do Sentido e dos Sensíveis* (ΠΕΡΙ ΑΙΣΘΗΣΕΩΣ ΚΑΙ ΑΙΣΘΗΤΩΝ);

— *Da Memória e da Revocação* (ΠΕΡΙ ΜΝΗΜΗΣ ΚΑΙ ΑΝΑΜΝΗΣΕΩΣ);

— *Do Sono e da Vigília* (ΠΕΡΙ ΥΠΝΟΥ ΚΑΙ ΕΓΡΗΓΟΡΣΕΩΣ);

— *Dos Sonhos* (ΠΕΡΙ ΕΝΥΠΝΙΩΝ);

— *Da Divinação no Sono* (ΠΕΡΙ ΤΗΣ ΚΑΘ´ΥΠΝΟΝ ΜΑΝΤΙΚΗΣ);

— *Da Longevidade e da Efemeridade da Vida* (ΠΕΡΙ ΜΑΚΡΟΒΙΟΤΗΤΟΣ ΚΑΙ ΒΡΑΧΥΒΙΟΤΗΤΟΣ);

— *Da Juventude e da Velhice. Da Vida e da Morte* (ΠΕΡΙ ΝΕΟΤΗΤΟΣ ΚΑΙ ΓΗΡΩΣ. ΠΕΡΙ ΖΩΗΣ ΚΑΙ ΘΑΝΑΤΟΥ);

— *Da Respiração* (ΠΕΡΙ ΑΝΑΠΝΟΗΣ);

Obs.: o conjunto dos oito últimos pequenos tratados é conhecido pelo título latino *Parva Naturalia*.

— *Do Alento* (ΠΕΡΙ ΠΝΕΥΜΑΤΟΣ);[*]

— *Da Investigação sobre os Animais* (ΠΕΡΙ ΤΑ ΖΩΑ ΙΣΤΟΡΙΑΙ);

— *Das Partes dos Animais* (ΠΕΡΙ ΖΩΩΝ ΜΟΡΙΩΝ);

— *Do Movimento dos Animais* (ΠΕΡΙ ΖΩΩΝ ΚΙΝΗΣΕΩΣ);

— *Da Marcha dos Animais* (ΠΕΡΙ ΠΟΡΕΙΑΣ ΖΩΩΝ);

— *Da Geração dos Animais* (ΠΕΡΙ ΖΩΩΝ ΓΕΝΕΣΕΩΣ);

— *Das Cores* (ΠΕΡΙ ΧΡΩΜΑΤΩΝ);[*]

— *Das Coisas Ouvidas* (ΠΕΡΙ ΑΚΟΥΣΤΩΝ);[*]

— *Fisiognomonia* (ΦΥΣΙΟΓΝΩΜΟΝΙΚΑ);[*]

— *Das Plantas* (ΠΕΡΙ ΦΥΤΩΝ);[*]

— *Das Maravilhosas Coisas Ouvidas* (ΠΕΡΙ ΘΑΥΜΑΣΙΩΝ ΑΚΟΥΣΜΑΤΩΝ);[*]

— *Mecânica* (ΜΗΧΑΝΙΚΑ);[*]

— *Das Linhas Indivisíveis* (ΠΕΡΙ ΑΤΟΜΩΝ ΓΡΑΜΜΩΝ);[*]

— *Situações e Nomes dos Ventos* (ΑΝΕΜΩΝ ΘΕΣΕΙΣ ΚΑΙ ΠΡΟΣΗΓΟΡΙΑΙ);[*]

— *Sobre Melisso, sobre Xenófanes e sobre Górgias* (ΠΕΡΙ ΜΕΛΙΣΣΟΥ, ΠΕΡΙ ΞΕΝΟΦΑΝΟΥΣ, ΠΕΡΙ ΓΟΡΓΙΟΥ);[*]

(*). Suspeito.

34 | RETÓRICA A ALEXANDRE

— *Problemas* (ΠΡΟΒΛΗΜΑΤΑ);[**]
— *Retórica a Alexandre* (ΡΗΤΟΡΙΚΗ ΠΡΟΣ ΑΛΕΞΑΝΔΡΟΝ);[*]
— *Metafísica* (ΤΑ ΜΕΤΑ ΤΑ ΦΥΣΙΚΑ);
— *Economia* (ΟΙΚΟΝΟΜΙΚΑ);[**]
— *Magna Moralia* (ΗΘΙΚΑ ΜΕΓΑΛΑ);[**]
— *Ética a Nicômaco* (ΗΘΙΚΑ ΝΙΚΟΜΑΧΕΙΑ);
— *Ética a Eudemo* (ΗΘΙΚΑ ΕΥΔΗΜΕΙΑ);
— *Das Virtudes e dos Vícios* (ΠΕΡΙ ΑΡΕΤΩΝ ΚΑΙ ΚΑΚΙΩΝ);[*]
— *Política* (ΠΟΛΙΤΙΚΑ);
— *Retórica* (ΤΕΧΝΗ ΡΗΤΟΡΙΚΗ);
— *Poética* (ΠΕΡΙ ΠΟΙΗΤΙΚΗΣ);
— *Constituição de Atenas* (ΑΘΗΝΑΙΩΝ ΠΟΛΙΤΕΙΑ);[***]
— Fragmentos.[****]

(*).   Suspeito.

(**).   Apócrifo.

(***).   Ausente na edição de 1831 de Bekker e sem sua numeração, já que este tratado só foi descoberto em 1880.

(****).   Ausente na edição de 1831 de Bekker e sem sua numeração, uma vez que foi editado em inglês somente em 1954 por W. D. Ross.

CRONOLOGIA

AS DATAS (A.C.) AQUI RELACIONADAS SÃO, em sua maioria, aproximadas, e os eventos indicados contemplam apenas os aspectos filosófico, político e militar.

481 – Criada a confederação das cidades-Estado gregas comandada por Esparta para combater o inimigo comum: os persas.

480 – Os gregos são fragorosamente derrotados pelos persas nas Termópilas (o último reduto de resistência chefiado por Leônidas de Esparta e seus *trezentos* é aniquilado); a acrópole é destruída; no mesmo ano, derrota dos persas em Salamina pela esquadra chefiada pelo ateniense Temístocles.

479 – Fim da guerra contra os persas, com a vitória dos gregos nas batalhas de Plateia e Micale.

478-477 – A Grécia é novamente ameaçada pelos persas; formação da *Liga Délia*, dessa vez comandada pelos atenienses.

469 – Nascimento de Sócrates em Atenas.

468 – Os gregos derrotam os persas no mar.

462 – Chegada de Anaxágoras de Clazomena a Atenas.

462-461 – Promoção do governo democrático em Atenas.

457 – Atenas conquista a Beócia.

456 – Conclusão da construção do templo de Zeus em Olímpia.

447 – O Partenon começa ser construído.

444 – Protágoras de Abdera redige uma legislação para a nova colônia de Túrio.

36 | RETÓRICA A ALEXANDRE

431 – Irrompe a Guerra do Peloponeso entre Atenas e Esparta.

429 – Morte de Péricles.

427 – Nascimento de Platão em Atenas.

421 – Celebrada a paz entre Esparta e Atenas.

419 – Reinício das hostilidades entre Esparta e Atenas.

418 – Derrota dos atenienses na batalha de Mantineia.

413 – Nova derrota dos atenienses na batalha de Siracusa.

405 – Os atenienses são mais uma vez derrotados pelos espartanos na Trácia.

404 – Atenas se rende a Esparta.

399 – Morte de Sócrates.

385 – Fundação da Academia de Platão em Atenas.

384 – Nascimento de Aristóteles em Estagira.

382 – Esparta toma a cidadela de Tebas.

378 – Celebradas a paz e a aliança entre Esparta e Tebas.

367 – Chegada de Aristóteles a Atenas.

359 – Ascensão ao trono da Macedônia de Filipe II e começo de suas guerras de conquista e expansão.

347 – Morte de Platão.

343 – Aristóteles se transfere para a Macedônia e assume a educação de Alexandre.

338 – Filipe II derrota os atenienses e seus aliados na batalha de Queroneia, e a conquista da Grécia é concretizada.

336 – Morte de Filipe II e ascensão de Alexandre ao trono da Macedônia.

335 – Fundação do Liceu em Atenas.

334 – Alexandre derrota os persas na Batalha de Granico.

331 – Nova vitória de Alexandre contra os persas em Arbela.

330 – Os persas são duramente castigados por Alexandre em Persépolis, encerrando-se a expedição contra eles.

323 – Morte de Alexandre.

322 – Transferência de Aristóteles para Cálcis, na Eubeia; morte de Aristóteles.

Retórica a
ALEXANDRE

ARISTÓTELES A ALEXANDRE, SUCESSO!

1420a5 · *Escreves que tens frequentemente enviado a mim pessoas incumbidas de solicitar-me a redação de um tratado para ti sobre os princípios da oratória política. Não é por indiferença que tenho adiado sua realização por todo esse tempo, mas por ter me empenhado em*

10 · *descobrir como escrever um tratado para ti com um grau de precisão que não haja ainda sido atingido por qualquer outro autor que tenha se ocupado desse tema. E esse meu propósito conta com boa razão. De fato, tal como desejas envergar os mais magníficos trajes, destacando--te entre todos os homens, seria apropriado que procurasses obter uma*

15 · *habilidade no discurso que te distinguisse dos demais, já que é mais nobre e régio ter a alma bem ordenada do que contemplar a forma física finamente trajada. Seria realmente um despropósito se aquele que nas ações é o primeiro ficasse atrás de indivíduos ordinários nas palavras, e isso quando está ciente de que enquanto sob o governo*

20 · *democrático, todos os assuntos públicos têm a ver com a lei; e sob o comando da realeza, a referência é a razão. Tal como, portanto, é a sua lei comum[1] que norteia sempre os Estados autônomos pelo melhor caminho, do mesmo modo poderia a razão, enquanto encarnada em ti, nortear pelo caminho que os beneficie os súditos de teu régio*

---

1. ...κοινὸς νόμος... (*koinòs nómos*).

40 | RETÓRICA A ALEXANDRE

25 · *governo. Na verdade, a lei pode ser simplesmente descrita como a razão definida de acordo com um assentimento comum do Estado, regulando as ações de todo tipo.*

Ademais, penso que deve ser para ti evidente que exaltamos como nobres e boas as pessoas que usam a razão e que preferem sempre 30 · *agir recorrendo à sua ajuda orientativa em todos os seus assuntos, ao* 1420b5 · *passo que abominamos como selvagens e bestiais aqueles que agem irracionalmente. Mediante a razão,[2] habituamo-nos a punir os maus quando manifestam sua maldade e a aplaudir os bons quando manifestam sua virtude. Graças a ela, descobrimos o meio de prevenir os males que se mostram iminentes, enquanto fruímos dos benefícios* 10 · *dos bens existentes. Com sua ajuda, acostumamo-nos a nos esquivar de aflições que nos ameaçam e a obter vantagens de que antes não dispúnhamos. Tal como a vida sem sofrimento é um objeto de desejo, também a razão ponderada é um objeto de desejo e satisfação.*

E deves compreender que a maioria da humanidade regula sua 15 · *conduta ou pela lei ou por tua vida e tua razão. Consequentemente deves empreender todo esforço no sentido de superar todos os gregos e bárbaros, de modo que aqueles que passam suas vidas perseguindo esse objetivo, utilizando os elementos de excelência neles presentes a fim de produzir uma bela cópia do modelo que têm diante deles, possam não se orientar para o que é mau, mas aspirar à participação na mesma virtude.*

20 · *Além disso, em meio a tudo o que é humano, o que há de mais divino é a deliberação,[3] de sorte que não deves despender tuas energias com matérias secundárias e destituídas de valor, mas prestar-te a conquistar um conhecimento da própria matriz da boa deliberação.*

---

2. ...διὰ τούτου... (*dià toýtoy*): ou, como prefere Fuhrmann, ...διὰ τοῦτο... (*dià toŷto*), ...*Por esta razão...* .

3. ...βουλεύεσθαι... (*boyleýesthai*), palavra que inclui necessariamente também os conceitos de *vontade, ponderação, conselho* e *planejamento*. A frase que traduziria, neste contexto, menos sofrivelmente βουλεύω (*boyleýo*) seria *planejar depois de ponderada deliberação.*

ARISTÓTELES | 41

Pois quem tivesse senso poderia duvidar que é um sinal de estupidez
25 · *agir sem deliberação e que é uma marca de educação executar sob a*
diretriz da razão aquilo que é comandado pela razão? É visível que
todos os povos da Grécia detentores dos melhores governos discutem
racionalmente antes de empreenderem uma ação; além desses, tam-
bém os bárbaros que granjearam e conservam a mais alta reputação
30 · *exercem a discussão racional antes de passar à ação, devidamente*
1421a1 · *cientes de que o exame do que é conveniente do prisma da discussão*
racional constitui a própria cidadela da segurança. Essa é a cidadela
a ser tida como inexpugnável; nenhuma fortaleza construída pelo
homem deve ser considerada uma proteção segura.

Entretanto, reluto em continuar a escrever, no temor de que, tal-
5 · *vez, se aventasse provas acerca de matérias plenamente conhecidas,*
como se não fossem verdades reconhecidas, poder-se-ia pensar que es-
taria apenas me exibindo. Assim calar-me-ei, limitando-me apenas a
tecer considerações sobre o que pode ser expresso relativamente à tota-
lidade da vida, pois é nisso que somos superiores aos outros seres vivos
– nós, a quem o poder divino concedeu a mais suprema honra –, uma
10 · *vez que todos os demais também experimentam apetites, desejos e*
similares, mas nenhum deles, exceto o ser humano, possui a faculdade
da razão. Desse modo seria demasiado estranho que, considerando
que exclusivamente graças à razão vivemos mais venturosamente do
que os outros animais, desprezássemos e renunciássemos, por indi-
15 · *ferença, àquilo que constitui a causa de nosso bem-estar. Exorto-te,*
por conseguinte, insistentemente a devotar-te ao estudo do discurso
racional, ao qual foste por muito tempo estimulado. A educação, com
efeito, é a preservadora da alma, do mesmo modo que a saúde é a
preservadora do corpo. Sob o norteamento da educação, não darás
20 · *um passo em falso na tua conduta, capacitando-te a conservar quase*
todas as tuas boas posses. E à parte de tudo o que foi dito, se ver com
os olhos do corpo é prazeroso, a penetrante visão do espírito é mara-
vilhosa. Ademais, tal como o general é o preservador do exército, a
razão associada à educação é a guia da vida.

42 | RETÓRICA A ALEXANDRE

25 · *Penso que podemos muito bem, nesta oportunidade, descartar, portanto, tais assuntos, e os outros que se lhes assemelham.*

Em tua carta advertes-me que este livro não deve cair nas mãos de qualquer outra pessoa, exceto tu, e isso plenamente ciente de que tal como os pais amam seus próprios filhos mais do que filhos substituídos, aqueles que fizeram alguma descoberta são mais aficionados a ela do
30 · *que aqueles com os quais a descoberta é meramente compartilhada; de fato, descobridores sacrificaram suas vidas tanto em defesa de seus discursos quanto em defesa de seus filhos. Os sofistas de Paros, como são denominados, pelo fato das doutrinas que ensinam não serem sua própria criação, por conta de sua iletrada indolência mental, mostram-se indiferentes, não revelando afeição por elas, restringindo-se*
35 · *a trocá-las por dinheiro nas ruas. Devido a isso, exorto-te a zelar por estes discursos de maneira que, enquanto ainda jovens, possam não ser corrompidos pelo dinheiro e, participando de tua vida ordenada, quando se tornarem adultos possam alcançar uma glória imaculada.*

Acatando a lição ministrada por Nicanor, adotamos de outros
40 · *autores tudo o que tem sido especialmente bem expresso em seus tra-*
1421b1 · *tados sobre os mesmos assuntos. Encontrarás dois livros pertencentes a essa classe, sendo um de minha autoria, a saber, o tratado que escrevi para Teodectes, enquanto o outro é a obra de Corax. Os demais pontos relativos às regras da oratória política e forense foram todos abordados separadamente nesses tratados. Assim, com base nestes comentários*
5 · *especialmente escritos para ti, estarás bem munido para o aproveitamento desses dois tratados. Adeus!*[4]

---

4. Todo este introito epistolar é considerado espúrio pela maioria dos estudiosos e helenistas, inclusive por Fuhrmann, que o tem na conta de uma inclusão posterior.

1

Os discursos públicos pertencem a três *gêneros*,[5] quais sejam, o deliberativo (parlamentar), o epidíctico (cerimonial) e o
10 · forense. Estes subdividem-se em sete *espécies*,[6] que são empregadas
na persuasão, na dissuasão, no louvor, na vituperação, na acusação,
na defesa e na investigação – isoladamente ou em relação a outra
espécie. Esse elenco enumera as espécies em que estão enquadrados
os discursos públicos e as utilizaremos nos debates parlamentares, na argumentação de processos legais envolvendo contratos e
na comunicação das relações privadas. Nós as discutiremos mais
15 · convenientemente se tomarmos cada uma à parte e indicarmos suas
qualidades, seus usos e sua disposição.

Iniciemos tratando da persuasão e da dissuasão, já que estão
entre as formas mais utilizadas tanto na comunicação privada
20 · quanto nos discursos de tipo deliberativo. Para nos expressarmos
em termos gerais, a persuasão constitui uma exortação no sentido de induzir as pessoas a uma certa escolha, discurso ou ação,
enquanto a dissuasão constitui a tentativa de obstar tal escolha,

---

5. ...γένη... (*géne*).
6. ...εἴδη... (*eíde*).

44 | RETÓRICA A ALEXANDRE

discurso ou ação. Estando assim definidas, aquele que profere um discurso de persuasão necessita demonstrar que as coisas às 25 · quais exorta são justas, legais, apropriadas, honrosas, prazerosas e facilmente exequíveis; ou, se não o conseguir, quando aquilo para o que induz revela-se difícil, é necessário demonstrar que é exequível e também que sua adoção é inevitável. Aquele que profere o discurso de dissuasão deve exercer uma influência impeditiva recorrendo aos meios opostos, demonstrando que a ação proposta não é nem justa, nem legal, nem apropriada, nem honrosa, nem 30 · prazerosa, nem exequível, ou, se não obtiver êxito, que essa ação é laboriosa e desnecessária. Todas as ações podem admitir esses dois conjuntos de atributos a elas aplicados, de modo que ninguém dispondo da possibilidade de apelar para um ou outro desses conjuntos de atributos fundamentais que estejam disponíveis, ver-se-á perdido quanto ao que dizer. São, portanto, esses atributos, essas linhas de argumentação que devem ser visados por quem emprega o discurso de persuasão ou de dissuasão. Tentarei a seguir definir 35 · a natureza de cada um, e demonstrar de quais fontes podemos extrair uma boa quantidade deles para nossos discursos.

O justo é o *costume*[7] não escrito da totalidade ou da maior parte da humanidade que distingue ações nobres de ações vis. As primeiras incluem honrar os pais, fazer o bem aos amigos e retri-40 · buir favores aos que nos beneficiam. Deveres como estes e outros semelhantes não são impostos aos seres humanos por *leis*[8] escritas, 1422a1 · mas observados pelo costume não escrito e pela prática universal. Eis aí as coisas justas.

A lei é o acordo comum feito pelo Estado que impõe por escrito a conduta a ser seguida nos mais variados assuntos e circunstâncias.

5 · O apropriado é a preservação dos bens existentes, ou a obtenção daqueles bens que não possuímos, ou o repúdio dos males

---

7. ...ἔθος... (*éthos*).

8. ...νόμοι... (*nómoi*).

ARISTÓTELES | 45

existentes, ou a prevenção de danos para cuja ocorrência há expectativa. O critério para a classificação do que é apropriado para o indivíduo pode ser a referência ao corpo, à alma ou à aquisição não natural externa. O que convém ao corpo é o vigor, a beleza e
10 · a saúde; o apropriado à alma é a coragem, a sabedoria e a justiça; o apropriado à aquisição não natural externa é os amigos, os bens materiais e as propriedades em geral. Seus opostos são inapropriados. O que convém a um Estado são coisas tais como concórdia, poder militar, bens materiais, boa fonte de renda e aliados de boa
15 · qualidade e em grande quantidade. Em síntese, consideramos apropriadas todas as coisas que se assemelham a essas, e as coisas que se lhes opõem, inapropriadas.

O honroso ou nobre é o que resulta em boa reputação e o crédito de honras àquele que age honrosamente; prazeroso é o que produz prazer; fácil é o que é executado com o menor gasto de tempo, trabalho e dinheiro; o exequível é tudo cuja execução é
20 · possível; o necessário é aquilo cuja realização não depende de nós, mas que ocorre como se fosse determinado por alguma necessidade divina ou humana.

Eis, portanto, a natureza do justo, do legal, do apropriado, do honroso (nobre), do prazeroso, do fácil, do exequível e do necessário. Será fácil falar a respeito deles, quer usando as concepções su-
25 · geridas acima, quer também recorrendo às que lhes são análogas, às que lhes são opostas, bem como empregando prévios julgamentos proferidos sobre eles pelos deuses, por homens e juízes de reputação ilibada ou por nossos opositores.

Já explicamos então qual é a natureza do justo. O argumento
30 · a partir da analogia com o justo é o seguinte: "Tal como julgamos justo obedecer nossos pais, cabe aos nossos filhos imitar a conduta de seus pais" e "Como é justo fazer o bem à guisa de retribuição, a quem nos faz o bem, é justo não fazer o mal a quem não nos faz o mal.". É dessa maneira que temos de obter analogias com o justo.
35 · E é necessário proporcionarmos o exemplo efetivo que é dado a partir de seus opostos, ou seja: "Como é justo punir aqueles que

46 | RETÓRICA A ALEXANDRE

nos fazem mal, também nos cabe fazer o bem a título de retribuição aos que nos fazem o bem.". Descobrirás o justo no julgamento dos homens de boa reputação no seguinte: "Não só nós odiamos
40 · e fazemos o mal aos nossos inimigos, como também os atenienses e os lacedemônios julgam justo punir os próprios inimigos.". Essa é a maneira que empregarás para lidar com a questão do justo, tomando-
1422b1 · -o sob diversas formas.

Já definimos a natureza do legal. Mas quando mostra-se útil ao nosso propósito, devemos introduzir a pessoa do legislador, os termos da própria lei e, em seguida, o argumento baseado na
5 · analogia com a lei escrita. Exemplo: "Tal como o legislador pune ladrões mediante as mais severas penas, do mesmo modo também aqueles que enganam devem ser severamente punidos, pois são ladrões que roubam nosso entendimento" e "Tal como o legislador fez dos parentes mais próximos os herdeiros dos que morrem
10 · sem filhos, no caso em pauta, devo ter a disposição das posses do liberto, pois, como os que lhe deram a liberdade estão mortos, é justo que eu assuma o controle de seu liberto, já que sou o parente mais próximo dos falecidos". Está aí exemplificada a forma na qual é obtida uma analogia com o legal. O que segue é um exemplo do que é contrário ao que é legal: "Se a lei proíbe a distribuição da
15 · propriedade pública, fica evidente que o julgamento do legislador foi o de que todas as pessoas que a dividem são culpadas de um delito"; de fato "Se as leis determinam que aqueles que governam o Estado com nobreza e justiça devem ser honrados, fica claro que consideram os destruidores da propriedade pública merecedores de punição". Essa é a forma pela qual o legal é ilustrado com base
20 · em seus contrários. Pode ser demonstrado com base em prévios julgamentos nos seguintes termos: "Não sou só eu que afirmo que essa foi a intenção do legislador ao promulgar esta lei, como também em uma ocasião precedente, quando Lisiteides apresen-

ARISTÓTELES | 47

tou considerações muito semelhantes às que foram agora apresentadas por mim, a corte votou a favor dessa interpretação da lei.".
Assim é como lidaremos com a questão do legal, exibindo-a sob
25 · diversas formas.

Anteriormente definimos a natureza do apropriado. Cabe-nos, como nos casos já mencionados, introduzir o apropriado em nossos argumentos, onde disponível, e frequentemente exibi-lo também sob diversas formas, recorrendo ao mesmo método
30 · adotado para o legal e o justo. O argumento a partir da analogia com o apropriado pode ser o seguinte: "Tal como é apropriado na guerra posicionar os homens mais destemidos na linha de frente, do mesmo modo, no governo do Estado é proveitoso posicionar os mais sábios e mais justos acima da multidão" e "Tal como é apropriado às pessoas com saúde tomarem cuidados para não contrair
35 · enfermidades, do mesmo modo convém aos Estados que fruem de um período de harmonia tomar precauções contra o surgimento de sedições". Esse é o método que deverás adotar a fim de multiplicar os casos de analogia com o apropriado. O apropriado também se evidenciará se tomares casos contrários como o seguinte:
40 · "Se é vantajoso honrar bons cidadãos, é apropriado punir os maus"; "Se pensas ser inapropriado para nós travar uma guerra
1423a1 · sozinhos contra Tebas, seria para nós apropriado primeiro celebrar uma aliança com os lacedemônios para depois travar a guerra contra os tebanos". Esse é o método graças ao qual demonstrarás o apropriado com base nos contrários. A maneira adequada de descobrir o que os juízes de prestígio julgaram apropriado é por
5 · meio de considerações como a seguinte: "Quando os espartanos haviam derrotado os atenienses, julgaram apropriado para si não submeter Atenas à escravidão; por outro lado, em outra ocasião, quando os atenienses, tendo os tebanos como aliados, tinham o poder de destruir Esparta, julgaram que seria apropriado para Atenas permitir a sobrevivência de Esparta.".

48 | RETÓRICA A ALEXANDRE

Mediante o emprego desse método, terás muito a dizer acerca do justo, do legal e do apropriado. Deves empregar o mesmo mé-
10 · todo no que toca ao honroso (nobre), ao fácil, ao prazeroso, ao exequível e ao necessário. Desse modo, contaremos com copioso material sobre esses tópicos.

2

NA SEQUÊNCIA PASSEMOS A determinar a quantidade e o cará-
15 · ter dos assuntos que discutimos nos Conselhos e nas Assembleias populares. Se compreendermos com clareza suas várias classes, o próprio trabalho em pauta durante cada debate nos suprirá de argumentos particularmente a ele adaptados; ao mesmo tempo, nos capacitaremos prontamente a conceber ideias gerais e aplicá-las ao caso particular em pauta se com elas já estivermos familiarizados há muito tempo. Precisamos, portanto, distinguir os diversos as-
20 · suntos que formam universalmente o objeto de nossas deliberações em comum.

Há, em síntese, sete assuntos que serão objeto dos discursos públicos por nós proferidos. De fato, quer falemos no Conselho, quer o façamos na Assembleia popular, estamos necessariamente deliberando e discursando ou sobre ritos sagrados, ou sobre leis,
25 · ou sobre a constituição política, ou sobre alianças e tratados com outros Estados, ou sobre a guerra, ou sobre a paz, ou sobre recursos financeiros. Sendo estes, portanto, os assuntos de nossas deliberações no Conselho e de nossos discursos na Assembleia popular, examinemos cada um e vejamos de quais maneiras podem ser tratados quando se faz um discurso.

30 · Ao se tratar de ritos sagrados, três maneiras podem ser adotadas. Diremos que o ritual vigente deve ser mantido como é, ou que devemos alterá-lo, conferindo-lhe uma forma mais suntuosa,

ARISTÓTELES | 49

ou que devemos alterá-lo, atribuindo-lhe uma forma menos suntuosa. Quando sustentarmos que o ritual vigente deve ser mantido, deveremos extrair argumentos das considerações de direito, alegando que em todos os países considera-se um ato de injustiça

35 · romper com os costumes dos ancestrais, que todos os oráculos determinam que a humanidade realize seus sacrifícios ao modo dos antepassados, e que cabe a nós, acima de tudo, conservar as observâncias religiosas que nos foram legadas pelos fundadores originais das cidades e construtores dos templos. Argumentando

1423b1 · com base no que é apropriado, insistiremos que a realização dos sacrifícios à maneira dos ancestrais será vantajosa e conveniente igualmente para indivíduos e cidadãos na vida em comunidade, do ponto de vista dos pagamentos envolvidos; que será proveitosa aos cidadãos na medida em que gerará um sentimento de autoconfiança; de fato, uma vez escoltados nas procissões religiosas por tropas de infantaria pesada, cavaleiros e tropas de armas leves, experimentando o orgulho produzido por isso, sentir-se-ão

5 · mais autoconfiantes. {*Merece realce e recomendação do ponto de vista do que é honroso se resultar em festivais celebrados com muito esplendor.*}[9] Do ponto de vista do prazer [isso deve ser destacado], se uma certa variedade houver sido incorporada ao espetáculo no que tange aos sacrifícios dos deuses; do ponto de vista da exequibilidade, se não houve nem deficiência nem excesso nas celebrações.

10 · Desse modo, quando defendemos a ordem estabelecida, temos de encaminhar nossa argumentação com base no método acima indicado, ou outro método semelhante, e abordar a questão em pauta conforme permitir a natureza do assunto.

Se advogamos que os ritos sagrados sejam alterados, ganhando mais suntuosidade, poderemos compor argumentos plausíveis para

15 · a mudança das instituições dos ancestrais dizendo que o acréscimo aos ritos já existentes não significa destruí-los, mas produzir um

---

9. { } Texto duvidoso.

50 | RETÓRICA A ALEXANDRE

prolongamento da ordem vigente; que, com toda a probabilidade, até mesmo os deuses mostram mais benevolência para os que lhes prestam mais honras; que mesmo nossos antepassados não costumavam realizar os sacrifícios sempre de maneira absolutamente invariável, mas regulavam suas observâncias religiosas, tanto privadas quanto coletivas, atentando para as ocasiões e sua própria 20 · prosperidade; que esse é o princípio segundo o qual administramos tanto nossos Estados quanto nossas comunidades domésticas, no que se refere aos demais assuntos; é necessário igualmente indicar qualquer outro benefício, distinção ou prazer que advirão para o Estado se as recomendações em pauta relativas à alteração forem levadas à implantação, o assunto devendo ser desenvolvido com base nos métodos que descrevemos acima.

Quando, ao contrário, defendemos uma redução da suntuo- 25 · sidade, devemos começar por dirigir nossas considerações para a atualidade, mostrando como os cidadãos gozam de menos prosperidade agora do que no passado; em seguida, é necessário argumentar que é presumível que os deuses se regozijem com a devoção daqueles que realizam os sacrifícios, e não com o custo destes; 30 · que tanto deuses quanto seres humanos julgam os que fazem o que ultrapassa seus recursos culpados de uma grande estupidez; que o gasto público não se limita a ser uma questão que envolve o fato humano, mas que depende também do bom ou mau estado das finanças. Esses e outros argumentos similares servirão para sustentar nossas propostas no tocante aos sacrifícios.

Passemos agora à definição da melhor forma de sacrifício, a 35 · fim de nos capacitarmos a formar propostas e sancionar leis para a sua regulação. A mais excelente de todas as cerimônias de sacrifícios é aquela organizada de modo a se revelar piedosa aos deuses, que seja de custo moderado, que seja provavelmente auspiciosa do prisma bélico e esplêndida como espetáculo. Expressará devoção 1424a1 · aos deuses se o ritual dos ancestrais for preservado; será de custo moderado se não houver desperdício de todas as oferendas e elementos da cerimônia; será esplêndida como espetáculo se o ouro

e coisas desse tipo, ou seja, que não são consumidas na celebração, forem profusamente usados; e será auspiciosa do ponto de vista
5 · bélico se a cavalaria e a infantaria, completamente equipadas e em formação, acompanharem o cortejo religioso.

A adoção desses procedimentos nos capacitará a organizar as melhores cerimônias religiosas para o culto aos deuses; por outro lado, o que foi indicado anteriormente nos instruirá a como falar nos discursos públicos a respeito da realização de ritos sagrados de diversos tipos.

Discutamos, na sequência, de maneira análoga, a lei e a cons-
10 · tituição política. As leis podem ser sumariamente descritas como acordos comuns efetuados pelo Estado que definem e prescrevem por escrito várias regras de conduta para diversas situações.

Nos Estados democráticos, a legislação deve prover a nomeação por sorteio para os cargos secundários e que constituem a maioria (pois isso, evita a dissenção partidária); os funcionários
15 · públicos para os cargos mais importantes, contudo, devem ser eleitos pelos votos dos muitos membros da comunidade; desse modo, o povo, detendo poder soberano para outorgar honras a quem queira outorgá-las, não invejará aqueles que as recebem e obtêm, ao passo que os indivíduos mais proeminentes serão estimulados a praticar a virtude, cientes de que é para eles vantajoso gozar de boa reputação entre seus concidadãos. Essas são as leis a serem es-
20 · tabelecidas no que se refere às eleições em um Estado democrático. Seria uma exposição prolixa o detalhamento a respeito do resto da administração. Mas, dizendo-o sumariamente, é preciso tomar precauções no sentido de fazer com que as leis impeçam a multidão de conspirar contra os proprietários de terras e engendrar nos cidadãos ricos a ambição para investir dinheiro no empreendimento
25 · de serviços públicos. As leis assegurarão isso se alguns cargos forem reservados às classes proprietárias, a título de retribuição pelo que despenderam nos serviços ao Estado, e se, entre a população mais pobre, as leis tiverem mais consideração pelos agricultores e
30 · pela classe dos marinheiros do que pela ralé urbana, para que os

52 | RETÓRICA A ALEXANDRE

abastados possam motivar-se a empreender serviços públicos, e a multidão possa dedicar-se ao trabalho produtivo e não a meios escusos de ganho. A somar-se a isso, leis rigorosas deveriam ser promulgadas proibindo a distribuição de terras públicas e o confisco da propriedade dos proprietários *falecidos*[10], além do que, penas severas deveriam ser impostas aos que cometessem transgressões nesse sentido. Também a terra pública bem situada em frente da cidade deve ser reservada ao sepultamento dos que tombaram na guerra, seus filhos devendo ser mantidos às expensas públicas até crescerem. É necessário que esse seja o caráter da legislação em um Estado democrático.

No tocante às oligarquias, as leis devem destinar os cargos imparcialmente a todos os que possuem direitos de cidadania. Muitos deles devem ser distribuídos por sorteio, mas, no que se refere aos mais importantes, as nomeações deverão acontecer mediante voto secreto, sob juramento e segundo regras muito rigorosas. No regime oligárquico, as penas promulgadas para serem infligidas aos que se põem a insultar os cidadãos devem ser muito severas, porque o povo ressente-se mais do tratamento insolente do que se aborrece pelo fato de ser excluído dos cargos públicos. Além disso, os desentendimentos entre os cidadãos deverão ser dirimidos o mais rápido possível, não se permitindo que perdurem. Tampouco se deve admitir que as classes inferiores migrem do campo para se reunirem na cidade, uma vez que tais assembleias levam o populacho a fazer causa comum e derrubar as oligarquias.

Expressando-nos em termos gerais, as leis na democracia devem impedir a multidão de urdir tramas conspiratórias contra as propriedades dos abastados, enquanto na oligarquia, as leis devem impedir que os participantes do governo tratem com insolência os mais fracos do que eles e bajulem seus concidadãos. Essas conside-

---

10. ...τελευτώντων... (*teleytónton*).

ARISTÓTELES | 53

rações têm para ti caráter instrutivo no tocante aos objetivos a que
15 · as leis e a estruturação da constituição política devem visar.

Todo aquele que desejar falar a favor de uma lei deverá demonstrar que ela será igual para todos os cidadãos, coerente com
as demais leis e vantajosa para o Estado, especialmente como pro-
motora da concórdia; se não o conseguir, deverá demonstrar que
20 · essa lei contribuirá para fomentar as qualidades nobres do cidadão,
ou beneficiará o erário, ou a boa reputação da cidade, ou o poder
do Estado, ou qualquer outra coisa semelhante. No caso de falar
contra a proposta de uma lei, deverá considerar primeiramente se
não é aplicável a todos os cidadãos e, em seguida, se, longe de se
harmonizar com as outras leis, a estas efetivamente se opõe; e,
também, se conduzirá a todos os benefícios que indicamos, ou se,
25 · pelo contrário, será prejudicial a eles.

Tais considerações nos suprirão de muito material argumentativo para produzir propostas e discursarmos sobre leis e a constituição política.

Passaremos agora ao exame das alianças e dos pactos celebrados com os outros Estados. Pactos e arranjos devem necessariamente ser formados de acordo com regras e acordos comuns. Por
30 · outro lado, é indispensável garantir alianças em tempos em que as
pessoas isoladamente estão fracas, ou quando se está na expectativa de uma guerra, ou porque se pensa que nessas circunstâncias
se dissuadirá outro Estado a travar uma guerra. Os fundamentos
para formar alianças são essas e muitas outras razões semelhan-
35 · tes; e quando se deseja falar a favor da formação de uma aliança
é forçoso demonstrar que a situação apresenta esse perfil, e demonstrar, se possível, que o aliado proposto é uma nação justa e
que já prestou ao Estado um serviço anteriormente, que é muito
40 · poderoso, que é um Estado vizinho; ou, se não o conseguir, será
1425a1 · necessário reunir todas as vantagens desse jaez que efetivamente
existem. Quando discursas contra a formação da aliança, podes
começar por demonstrar que é desnecessário fazê-la agora; em segundo lugar, que os aliados propostos não são realmente confiáveis

54 | RETÓRICA A ALEXANDRE

como nações justas; em terceiro lugar, que no passado nos trata-
ram mal, ou – se este não for o caso – que estão muito distantes e
5 · incapacitados de vir em nossa assistência nas ocasiões apropriadas.
Com base nestas e em outras considerações similares, contaremos
com uma boa quantidade de argumentos para discursar contra ou
a favor de alianças.

Também o assunto paz e guerra permite o emprego de um
método semelhante para a obtenção dos principais tipos de argu-
10 · mentos. Os argumentos ou pretextos para fazer guerra a outro Estado são os seguintes: tendo sido atacados e vitimados no passado,
devemos nos vingar dos agressores que nos fizeram mal agora que
uma oportunidade se oferece; ou, sendo agora atacados, temos de
ir à guerra em nossa defesa, ou em defesa de nossos compatriotas
ou de nossos benfeitores; ou, sendo nossos aliados atacados, temos
15 · de ajudá-los; ou temos de ir à guerra já que ela significa uma vantagem para o Estado, no que se refere à sua glória, riqueza, poder
ou algo semelhante.

Quando exortamos as pessoas a ir à guerra, devemos congregar
o máximo possível desses argumentos e, em seguida, demonstrar
20 · que a maioria dos fatores dos quais depende o sucesso bélico estão
do lado dessas pessoas a que nos dirigimos. O êxito se deve sempre
ou ao favorecimento dos deuses, o que denominamos boa sorte, ou
ao número, eficiência e força militar das tropas, ou à abundância
dos recursos financeiros, ou à argúcia do general, ou à excelência dos
aliados, ou às vantagens naturais do território. Quando se exorta
25 · às pessoas a uma expedição guerreira, deve-se selecionar e aventar
esses e outros pontos similares que se revelem maximamente rele-
vantes ao caso, depreciando os recursos dos inimigos e ampliando,
e mesmo exagerando, os próprios.

Se, por outro lado, estamos tentando evitar uma guerra iminente, temos de começar por demonstrar que não existem, em
30 · absoluto, motivos para ela, ou que tais motivos são de pouca
monta e insignificantes. Depois, nos caberá demonstrar que não
convém empreender essa guerra indicando os desastres que acon-

ARISTÓTELES | 55

tecem ao ser humano na guerra, ao que devemos acrescer a demonstração de que os fatores que conduzem à vitória na guerra (indicados anteriormente) são mais passíveis de ser encontrados do lado do inimigo do que do nosso. Essas são as considerações
35 · a serem feitas para prevenir uma guerra iminente que provavelmente ocorrerá. No caso de estarmos tentando deter uma guerra já iniciada, se aqueles que estamos aconselhando estão levando a melhor, a primeira coisa a dizer é que indivíduos sensatos não deveriam esperar até entrarem em declínio, mas que deveriam celebrar a paz enquanto estão levando a melhor; e a seguinte,
40 · que é da natureza da guerra arruinar muitos; inclusive os que nela obtêm êxito, ao passo que é da natureza da paz salvar os derrota-
1425b1 · dos e ao mesmo tempo permitir que os vitoriosos fruam das recompensas que conquistaram na guerra; é preciso, também, destacar quantas e quão incalculáveis são as mudanças de rumo determinadas pela sorte no curso de uma guerra. No exortar à
5 · paz essas são as observações a serem feitas aos que estão levando a melhor em uma guerra. Quanto aos que já toparam com fracassos, a estes devemos recomendar com insistência que celebrem a paz com fundamento no que realmente aconteceu a eles; e porque devem aprender com suas adversidades a não se irritarem com as injustiças de seus agressores; e porque já resultaram novos perigos por não se fazer a paz; e porque seria preferível abrir
10 · mão de uma porção de suas posses diante do poder superior do inimigo do que amargarem a derrota na guerra e perderem suas vidas e todas as suas propriedades. E, sumarizando a matéria, é forçoso compreendermos que é costume universal dos homens dar um fim às guerras que travam entre si quando admitem que as pretensões de seus inimigos são justas; ou quando travam conflitos com seus aliados, ou se fartam da guerra; ou adquirem
15 · medo do inimigo; ou quando dissensões intestinas irrompem em suas comunidades.

A conclusão é que se selecionares entre todos esses argumentos e outros que lhes são similares os mais aplicáveis aos fatos cir-

56 | RETÓRICA A ALEXANDRE

cunstanciais, não te faltará material para discursar sobre a guerra e a paz.

20 · Resta-nos ainda discorrer sobre os recursos financeiros. O primeiro aspecto a ser examinado é se qualquer parte da propriedade pertencente ao Estado tem sido negligenciada: não está nem produzindo renda nem foi reservada ao culto dos deuses. Refiro-me, por exemplo, a quaisquer terras públicas desprezadas e que poderiam representar uma renda para o Estado se fossem vendidas ou arrendadas a cidadãos particulares, mesmo porque se trata de uma fonte de renda muito comum. Se não se dispõe desse tipo 25 · de coisa, será necessário contar com um sistema de tributação da propriedade ou criar o dever, por parte dos pobres, de prestarem serviços ao Estado que requeiram força física, em situações emergenciais, enquanto os ricos arquem com o dever de suprir dinheiro ao Estado e os artesãos, armas. Para sermos concisos, quando estamos apresentando propostas relativas aos recursos financeiros, devemos declarar que afetam todos os cidadãos igualmente e que 30 · são permanentes e amplos, e que as propostas dos opositores detêm as qualidades opostas.

Por conta do que foi dito até aqui, nos familiarizamos com os assuntos que constituirão o objeto de nossos discursos de cunho deliberativo, e com as partes componentes desses assuntos de que faremos uso na composição de discursos de exortação (persuasão) 35 · e de dissuasão. Na sequência, apresentaremos e examinaremos as espécies de oratória que envolvem louvor e vituperação.

3

PARA DIZÊ-LO COM BREVIDADE, a espécie representada pela oratória do louvor, consiste na maximização de honrosos propósitos, feitos e discursos e na atribuição de qualidades inexistentes, ao passo que a espécie vituperativa (oratória de vituperação) consiste no oposto, isto é, na minimização de qualidades honrosas e na maximização de qualidades desonrosas. Coisas louváveis são as justas, legais, apropriadas, nobres, prazerosas e de fácil execução. (A exata natureza dessas qualidades e as fontes que suprem farto material para expandir o discurso sobre elas foram indicadas anteriormente.) Cabe àquele que louva mostrar em seu discurso que uma dessas qualidades louváveis está associada à pessoa [que é objeto do discurso de louvor] ou às suas ações, porque essa qualidade foi diretamente praticada por ela ou produzida graças à sua ação, ou resultou de uma ação incidental dessa pessoa, ou foi realizada visando a algum fim, ou a envolveu como uma condição indispensável da ação da pessoa. Analogamente, na vituperação, é necessário mostrar que as qualidades opostas a essas estão associadas *à pessoa vituperada*. [...][11] Seguem-se exemplos dos produtos da ação: a saúde física, que resulta da dedicação à ginástica; a perda da saúde, que resulta da negligência com os exercícios físicos; o aumento da capacidade intelectual, que resulta do estudo da filosofia; a carência, que resulta do descuido dos próprios negócios. Os seguintes são exemplos de coisas realizadas como meios para atingir fins: as pessoas enfrentam trabalhos árduos e perigos visando a receberem uma coroa honrosa de seus compatriotas; ou negligenciam todos os demais visando a agradar as pessoas que amam. Exemplos de condições indispensáveis são: marinheiros são indispensáveis para uma vitória naval, e o ato de beber é indispensável para se ficar ébrio. Por meio do emprego desse método nas linhas já traçadas, contarás com farto material para o louvor e a vituperação.

Em suma, estarás capacitado a maximizar e minimizar todos esses tópicos adotando o seguinte método: deves começar por mostrar, como expliquei há pouco, que as ações da pessoa em pauta

---

11. ...τῷ ψεγομένῳ... (*tôi psegoménoi*). Ocorre aqui um hiato, que é registrado por Fuhrmann.

58 | RETÓRICA A ALEXANDRE

geraram muitos resultados maus ou bons. Esse é um método de
maximização. Um segundo método consiste em apresentar um
julgamento prévio – um julgamento favorável se estás louvando ou
um julgamento desfavorável se estás censurando – e, em seguida,
25 · colocar ao lado dele o que tens a dizer, fazendo a comparação de
ambos e dando destaque aos pontos mais expressivos de teu caso
e os mais inexpressivos do outro, com o que farás teu caso parecer
um caso expressivo. Uma terceira maneira consiste em comparar o
que dizes com a mais ínfima das coisas que se enquadra na mesma
30 · classe; de fato, assim teu caso parecerá ampliado, tal como homens
de estatura mediana parecem mais altos quando ficam de pé ao
lado de homens mais baixos do que eles. Também se contará com
a disponibilidade do seguinte método de ampliação ou maximização para todos os casos. Supondo que uma determinada coisa foi
estimada como um grande bem, se mencionares algo que seja seu
oposto, este se afigurará um grande mal e, analogamente, supondo
35 · que algo é considerado um grande mal, se mencionares seu oposto,
este parecerá um grande bem. Outra maneira possível de ampliar
boas ou más ações é demonstrares que o agente agiu propositalmente, argumentando que por muito tempo premeditara realizar
os atos; que se punha repetidamente a realizá-los; que continuou
realizando-os por um longo tempo; que ninguém mais tentara rea-
40 · lizá-los antes; que ele os realizou associado a pessoas com as quais
ninguém agira, ou seguindo pessoas que ninguém jamais seguira;
1426b1 · que ele agia voluntariamente, que agia deliberadamente; que todos nós seríamos felizes ou infelizes se agíssemos como ele. Deves
também demonstrar teu caso traçando paralelos, e ampliando-o,
construindo um ponto sobre outro, como, por exemplo: "É pro-
5 · vável que todo aquele que zela por seus amigos também honra os
próprios pais, e todo aquele que honra os pais também desejará
beneficiar sua própria pátria.". Em suma, se puderes demonstrar
que um homem é a causa de muitas coisas boas ou más, estas parecerão de grande peso. Também deves examinar o tópico de que
falas e verificar se parece ter mais peso quando decomposto em

ARISTÓTELES | 59

10 · partes ou quando tratado como um todo, devendo abordá-lo da maneira que lhe confira maior peso. Adotando esses métodos nas amplificações te capacitarás a torná-las maximamente frequentes e eficientes.

Se teu objetivo for minimizar bons ou maus aspectos no teu discurso, deverás empregar o método oposto ao que indicamos 15 · para a amplificação (maximização). A melhor coisa é demonstrares que a ação de alguém não produziu efeito algum ou, se isso não for possível, demonstrares que produziu os efeitos mais escassos e pífios.

Essas regras nos instruem quanto a como ampliar ou minimizar quaisquer pontos que aventamos para o louvor ou a censura (vituperação). Os materiais para a amplificação revelam-se úteis 20 · também nas outras espécies de oratória, mas é no louvor e na vituperação que mostram a maior eficácia. As considerações que acabamos de fazer nos proverão de amplo material sobre esses tópicos.

4

DEFINAMOS NA SEQUÊNCIA, de modo análogo, as espécies de oratória utilizadas na acusação e na defesa, bem como os elementos de que são compostas e os usos a que se destinam. Trata-se da 25 · oratória associada à prática forense. Para o expressarmos sinteticamente, a oratória acusatória é a exposição dos erros e dos crimes, enquanto a defensiva é a contestação dos erros e dos crimes, ambas relativamente a um indivíduo que é objeto de acusação ou de suspeita. Sendo estas as funções de cada uma dessas espécies, 30 · a linha a ser adotada na acusação é declarar, em um caso em que tua acusação é de cometimento de ações perversas, que as ações de teus adversários são realmente injustas, ilegais e danosas, relativamente aos interesses da massa dos cidadãos; e, quando a

60 | RETÓRICA A ALEXANDRE

acusação é de estupidez, que são prejudiciais aos seus próprios
35 · autores, infames, repulsivas e impraticáveis. Esse e outros argumentos semelhantes são os que devem ser dirigidos aos perversos
e aos estúpidos. Entretanto, os acusadores também devem atentar
para os tipos de delitos para os quais há penas fixadas pela lei,
delitos em relação aos quais as penas são decididas pelo júri. Em
40 · situações nas quais há determinação da pena por parte da lei, o
acusador tem de se concentrar exclusivamente em demonstrar que
1427a1 · o delito foi cometido. Quando o júri estimar {a pena},[12] o acusador deverá amplificar os delitos e os erros de seus adversários e, se
possível, provar que o réu perpetrou o delito de sua própria e livre
vontade, e não com base em uma intenção meramente casual, mas
5 · de maneira extremamente premeditada; ou, caso não seja possível
prová-lo, mas perceberes que a parte adversária tentará demonstrar que o acusado, de algum modo, cometeu apenas um erro, ou
que, embora tencionasse agir nobremente, não o conseguiu por
ter sido colhido pela má sorte, deverás afastar qualquer sentimento de compaixão por ele, dizendo ao auditório que os malfeitores,
em vez de declarar que cometeram um erro depois de terem agido,
10 · deveriam ser cuidadosos antes de agir, ou que, mesmo que o réu
haja realmente se limitado a cometer um erro ou tenha sido atingido pela má sorte, é mais merecedor de punição por seu malogro
devido à má sorte e seus erros do que uma pessoa que não incorreu
em um nem em outro. Além disso, o legislador não admitiu a
impunidade dos que cometeram erros, sujeitando-os à aplicação
e punição da lei, caso contrário, todos cometeriam erros. Deves
15 · também dizer que se o auditório se prestar a ouvir um homem que
apresenta esse tipo de defesa, não tardará a ter muitos indivíduos
cometendo injustiças propositalmente, pois, se obtiverem êxito,
passarão simplesmente a fazer o que bem entendem, e, se não

---

12. ...ὅταν δὲ οἱ δικασταὶ τιμῶσι, ... (*hótan dè hoi dikastaì timôsi*). { } Lacuna
registrada e preenchida por Fuhrmann.

ARISTÓTELES | 61

o obtiverem, ficarão impunes alegando que toparam com a má sorte. Esse é o tipo de argumento a ser utilizado pelos acusadores 20 · para afastar a compaixão. E, como já foi indicado, devem recorrer à amplificação a fim de mostrar que as ações de seus adversários provocaram muitos males. Essas são as partes componentes da espécie de oratória empregada na acusação.

Três métodos fazem parte da espécie defensiva de oratória. 25 · Cabe ao réu provar que não cometeu nada do que é acusado ou, se forçado a admitir que o cometeu, terá de tentar mostrar que o que fez foi legal, justo, nobre e vantajoso ao Estado; na hipótese de também falhar nessa tentativa, precisará tentar obter o perdão apresentando seus atos como erros ou infortúnio, e demonstrando que tudo o que deles resultou foram pequenos danos. É indis-30 · pensável que distingas entre injustiça (crime), erro e infortúnio (má sorte) da seguinte forma: definas a injustiça (crime) como o cometimento deliberado do mal, juntando insistentemente que, nesse caso, as penas devem ser as mais severas; que o erro é um ato danoso realizado por conta da ignorância; declara que um ato danoso levado a cabo por ignorância é um erro, e classifica como 35 · infortúnio o não conseguir pôr em prática algum propósito no-bre, não pela própria culpa, mas devido a outra pessoa ou à sorte. Acrescenta que a conduta injusta (criminosa) é característica de indivíduos perversos, mas que o erro e o infortúnio na conduta não são peculiares a ti, mas comuns a toda a espécie humana, in-40 · clusive aos membros do júri. Deves reivindicar o perdão se te vires forçado a admitir que cometeste faltas desse tipo, frisando que teus ouvintes estão tão sujeitos ao erro e ao infortúnio quanto tu.

1427b1 · É necessário que o réu tenha em vista todos os delitos que tenham suas punições estabelecidas pela lei, e aqueles para os quais o júri estima as penas na sentença de condenação. Quando a lei fixa um 5 · determinado castigo, ele deve mostrar que, de modo algum, come-teu o delito [correspondente a esse castigo] ou que sua conduta foi pautada pela legalidade e a justiça; quando cabe ao júri estimar a pena, não deve, igualmente, negar que cometeu a falta, mas procu-

62 | RETÓRICA A ALEXANDRE

rar mostrar que o dano que causou ao seu adversário foi pequeno e que seu ato foi involuntário. O emprego desses procedimentos e
10 · de outros semelhantes nos suprirá de copioso material para as acusações e defesas. Resta-nos ainda discutir a espécie de oratória a que se recorre na investigação.

5

A INVESTIGAÇÃO PODE SER SUMARIAMENTE definida como a exposição elucidativa de certas intenções, ações ou palavras que revelam contradição entre si ou que não guardam coerência com
15 · o resto da conduta de uma pessoa. É preciso que o investigador tente descobrir se o discurso que está investigando é contraditório, ou se as ações ou as intenções do indivíduo sob investigação são contraditórias entre si. O procedimento é o seguinte: é necessário considerar se, no passado, o indivíduo em questão, depois de haver sido inicialmente o amigo de outro indivíduo, tornou-se seu
20 · inimigo e, então, voltou novamente a ser amigo da mesma pessoa; ou se cometeu alguma outra ação incoerente que fosse indicadora de corrupção; ou se, provavelmente, no futuro, se oportunidades surgissem para isso, pudesse vir a agir de uma maneira contrária à sua prévia conduta. Deves, de maneira semelhante, também observar se algo que declara quando agora discursa opõe-se ao
25 · que declarou anteriormente; e, igualmente, se alguma vez adotou uma postura contrária às suas escolhas anteriores, ou se o faria se para isso houvesse oportunidade. Mediante um processo análogo, deves considerar os aspectos do modo de vida do indivíduo que investigas que não se coadunam com outros entre seus próprios hábitos de conduta que merecem alta estima. Se empregares, assim,
30 · a espécie investigativa de oratória, nenhum método investigativo deixará de ser tentado.

Estão assim distinguidas todas as espécies de oratória. Devem ser empregadas separadamente (quando apropriado) e conjuntamente combinando-se suas qualidades; assim deve ser porque, embora apresentem enormes diferenças entre si, na sua aplicação 35 · prática mostram-se como tendo muito em comum. Na realidade, o mesmo que ocorre com as várias classes de seres humanos é válido para elas. De fato, as classes de seres humanos são parcialmente semelhantes e parcialmente diferentes na sua aparência e em suas percepções.

E tendo assim definido as diversas espécies de oratória, devotemo-nos, na sequência, a indicar os requisitos que lhes são comuns e discutir o seu correto emprego.

6

PARA COMEÇAR, AINDA QUE O JUSTO, o legal, o apropriado, o 40 · honroso (nobre), o prazeroso, e tópicos similares, sejam, como de-1428a1 · fini no início, comuns a todas as espécies de oratória, são principalmente utilizados na oratória de persuasão (exortação).[13] Em segundo lugar, a amplificação (maximização) e a minimização, embora passíveis de serem úteis em todas as demais espécies de oratória, são empregadas, sobretudo, no louvor e na vituperação. Em terceiro 5 · lugar, no tocante às demonstrações, embora o seu uso seja necessário em todos os ramos da oratória, revelam-se especialmente úteis nas acusações e defesas, *{uma vez que estas requerem máxima refutação}*.[14] Além disso, temos de lidar com antecipações dos argumentos de nossos opositores, postulações, reiterações, prolixidade

---

13. Spengel e Fuhrmann assinalam o acréscimo καὶ ἀποτρεπτικὸν (*kaì apotreptikòn*): *[...] e a dissuasão [...]*.

14. ...αὗται γὰρ πλείστης ἀντιλογίας δέονται... (*haŷtai gàr pleístes antilogías déontai*). { } Fuhrmann destaca esta frase como suspeita.

64 | RETÓRICA A ALEXANDRE

10 · no discurso, moderação na extensão, brevidade e interpretação. A utilização desses e de outros expedientes semelhantes é comum a todas as espécies de oratória.

Defini[15] anteriormente o justo, o legal e demais tópicos similares, além de haver explicado a maneira de empregá-los. Também discorri sobre a amplificação (maximização) e a minimização. Pas-
15 · sarei agora a tecer esclarecimentos sobre os outros tópicos, começando pelas demonstrações (provas).

7

HÁ DOIS TIPOS DE DEMONSTRAÇÕES. Algumas têm sua fonte nas palavras, ações e nas próprias pessoas, enquanto outras são suplementares ao que as pessoas dizem e fazem. Probabilidades,
20 · exemplos, evidências, entimemas, máximas, signos e refutações são demonstrações (provas) cujas fontes são discursos, pessoas e ações reais. A opinião do orador, os testemunhos, a evidência obtida pela tortura e os juramentos são suplementares. Devemos, por conseguinte, compreender a precisa natureza de cada um desses
25 · tipos de demonstrações, de onde extrairemos material para eles e as diferenças existentes entre eles.

Uma probabilidade consiste em uma afirmação respaldada por exemplos presentes nas mentes dos membros do auditório. Quero dizer, por exemplo, se uma pessoa declarasse desejar que sua pátria fosse grandiosa, seus amigos prósperos, e seus inimi-
30 · gos, infelizes – e coisas em geral desse jaez –, as afirmações pareceriam *prováveis* porque cada um dos membros do auditório está pessoalmente consciente de nutrir desejos corresponden-

---

15. Fuhrmann inicia aqui o capítulo 7.

tes em torno de tais assuntos e similares. Conclui-se que é preciso estar sempre atentos, em nossos discursos, à questão de se iremos encontrar nossos ouvintes acolhedores e em sintonia conosco quanto ao tema sobre o qual discursamos, porque nesse caso há maior probabilidade de darem crédito ao que dizemos.

35 · É essa, portanto, a natureza da probabilidade.

Podemos dividir as probabilidades em três espécies. Uma delas, quando acusamos ou defendemos, é caracterizada pelo recurso que fazemos em nosso discurso às emoções naturalmente encontradas entre os seres humanos: se, por exemplo, acontece de certas pessoas desprezarem ou temerem alguém, ou terem elas

40 · mesmas realizado amiúde a ação em pauta, ou se sentem um pra-

1428b1 · zer, uma dor ou um desejo, ou deixaram de sentir o desejo, ou experimentaram mental, fisicamente, ou em qualquer outro âmbito de sensação, alguma outra emoção da espécie que experimentamos

5 · conjuntamente; de fato, sendo essas emoções e outras semelhantes experiências comuns da natureza humana, são bem conhecidas por nossos ouvintes. Tais são as experiências envolvendo emoções às quais os seres humanos estão naturalmente habituados e às quais devemos recorrer em apoio dos nossos argumentos. Outra espécie das probabilidades enquadra-se no hábito, aquilo que fazemos com base no costume; uma terceira espécie enquadra-se

10 · no ganho, por amor ao qual optamos frequentemente por agir de uma maneira que violenta nossa natureza e nosso caráter.

Estabelecidas essas definições, e diante delas quando procuramos persuadir ou dissuadir, temos de mostrar, relativamente ao assunto em pauta, que a ação para a qual estamos exortando nossos ouvintes, ou à qual nos opomos, possui o efeito que afirmamos possuir.

15 · Não o conseguindo, temos de demonstrar que ações similares àquela sobre a qual estamos discursando acabam, em geral ou invariavelmente, revelando-se como dizemos. Assim é como o argumento com base na probabilidade deve ser aplicado relativamente

66 | RETÓRICA A ALEXANDRE

às ações. No que respeita às pessoas, deves demonstrar, se puderes, quando acusas qualquer pessoa, que cometeu com frequência o ato em pauta, ou, se não puderes demonstrá-lo, que cometeu atos
20 · semelhantes. Deves também tentar demonstrar que foi para ela vantajoso cometer esses atos, porque, pelo fato de a maioria das pessoas, elas próprias, valorizarem acima de tudo o vantajoso e o lucrativo, pensam que as outras pessoas também sempre agem por esse motivo. Se, portanto, puderes extrair um argumento de probabilidade diretamente das pessoas de teus opositores, esse é
25 · o método pelo qual deverás inferi-lo; não sendo possível, infere o que normalmente ocorre no caso de pessoas que se assemelham a eles. Quero dizer, por exemplo, que, supondo que a pessoa acusada é um jovem, dirás que ele agiu como indivíduos dessa idade via de regra realmente agem, visto que, com base na similaridade, as alegações receberão crédito também contra ele. Do mesmo modo, se
30 · demonstrares que seus companheiros pertencem à mesma espécie de gente a que afirmas ele pertencer, uma vez que se suporá que ele persegue os mesmos objetivos e ocupa-se das mesmas coisas que seus amigos devido à sua associação com eles. No que tange aos acusadores, assim deve ser o emprego dos argumentos com base nas probabilidades.

A melhor linha de argumentação para aqueles que realizam sua própria defesa é mostrar que nem eles próprios, nem quaisquer
35 · de seus amigos, nem os que se lhes assemelham jamais cometeram anteriormente quaisquer das ações de que são acusados, e que não teria sido vantajoso para eles cometê-las. Mas se tiveres, no passado, manifestamente cometido idêntica ação, deves atribuí-lo ao fato de ser jovem na ocasião, ou apresentar outro pretexto razoável que justifique teres naquela oportunidade incorrido no erro, acrescentando que nada ganhaste, inclusive, por ter agido desse
40 · modo então, como não seria para ti agora vantajoso voltar a agir assim. Se nunca fizeste nada do gênero, mas alguns de teus amigos
1429a1 · já fizeram coisas semelhantes, deves declarar que não é justo seres condenado ao descrédito por causa deles; deves, adicionalmente,

ARISTÓTELES | 67

demonstrar que outros companheiros teus são pessoas respeitáveis, pois com esse procedimento farás com que a acusação pareça dú-
5 · bia. Se o acusador demonstrar que alguns indivíduos semelhantes a ti fizeram as mesmas coisas de que és acusado, deves declarar que é absurdo considerar como uma prova de que cometeste qualquer um dos crimes de que és acusado o fato de ter sido demonstrado que certos indivíduos cometeram crimes [ainda que semelhantes ou idênticos]. Se, então, negas pura e simplesmente teres cometido a ação de que és acusado, deves, assim, proceder à tua defesa argumentando baseado em probabilidades, com o que farás a acusa-
10 · ção parecer inconvincente. Se, contudo, fores obrigado a admitir aquilo de que és acusado, terás de te esforçar maximamente para mostrar que tua própria conduta assemelha-se à prática usual da humanidade, enfatizando que a maioria dos seres humanos, *mesmo*[16] todos os seres humanos, agem sob essas circunstâncias e outras semelhantes, precisamente como agiste. Se não fores capaz
15 · de demonstrar isso, terás de te refugiar [no derradeiro recurso], ou seja, pretextar infortúnio ou erro, e tentar obter o perdão mencionando as paixões comuns a toda a humanidade e que nos levam a perder a razão, quais sejam, a paixão sexual, a cólera, a ebriedade,
20 · a ambição e outras semelhantes. Eis a maneira mais hábil de desenvolver o argumento que se baseia na probabilidade.

8

OS EXEMPLOS CORRESPONDEM A AÇÕES já ocorridas e que são semelhantes ou contrárias às que agora discutimos. Devem ser empregados quando teu pronunciamento em torno do caso não é

---

16. ...καὶ... (*kai*). Finckh e Fuhrmann: ...ἤ... (*é*), ..."ou".... .

68 | RETÓRICA A ALEXANDRE

convincente e desejas ilustrá-lo, quando, não podendo ser demonstrado com base no argumento da probabilidade, não recebe crédito
25 · – o propósito de ilustrá-lo é tornar teu auditório mais predisposto
a crer em tuas declarações ao compreenderem que outra ação semelhante a que constitui o objeto de teu discurso foi cometida da
forma que dizes ter ela acontecido.

Há duas modalidades de exemplos, o que ocorre pelo fato de
que algumas coisas acontecem conforme uma expectativa razoável, enquanto outras acontecem contra essa expectativa razoável;
30 · e as acontecidas conforme a expectativa geram credibilidade, enquanto as acontecidas contra a expectativa geram incredibilidade.
Por exemplo, se alguém afirma que os ricos são mais justos do que
os pobres, e apresenta casos de postura justa por parte de homens
ricos; exemplos assim parecem estar conforme uma expectativa
35 · razoável, uma vez que a maioria das pessoas evidentemente é da
opinião de que os ricos são mais justos dos que os pobres. Se, por
outro lado, alguém apresentasse casos de ricos que agissem injustamente por causa de dinheiro, empregando assim um exemplo
contrário à expectativa, levaria os ricos a serem objeto de descré-
1429b1 · dito. Analogamente, se qualquer um traz à luz um exemplo do
que parece estar de acordo com nossa expectativa, digamos que
em alguma ocasião os lacedemônios ou os atenienses, empregando
um grande número de aliados, derrotaram completamente seus
adversários na guerra, predisporá seus ouvintes a acolherem para
si muitos aliados. Exemplos desse tipo atendem à expectativa por-
5 · que todos julgam que grandes contingentes na guerra têm grande
peso no tocante à vitória. Mas se alguém quisesse demonstrar
que grandes contingentes não são a causa da vitória, usaria como
exemplos eventos que sucederam contrariamente à expectativa.
Narraria como os exilados de Atenas, contando inicialmente com
cinquenta homens, tomaram File e travaram uma batalha con-
10 · tra um grupo constituído por um número sumamente superior
de combatentes na cidade, que tinha os lacedemônios como seus
aliados, e assim puderam retornar à sua própria cidade; e como

ARISTÓTELES | 69

os tebanos, quando a Beócia foi invadida pelos lacedemônios e
15 · quase todos os peloponesianos, os enfrentaram sozinhos em Leuc-
tra e derrotaram as forças lacedemônias; e como Dion de Siracusa
partiu para Siracusa com três mil soldados de infantaria pesada
e travou uma guerra da qual sagrou-se vitorioso contra Dionísio,
o qual contava com forças muitas vezes superiores às suas; e, do
mesmo modo, como os coríntios, vindo em socorro dos siracusa-
nos com nove trirremes, derrotaram os cartagineses a despeito de
20 · estes estarem bloqueando os portos de Siracusa com 150 navios
e controlarem toda a cidade, salvo a cidadela. Em suma, esses e
semelhantes casos de ações executadas contrariamente à expectativa razoável geralmente servem para desacreditar recomendações
25 · baseadas na probabilidade ordinária. É essa, portanto, a natureza
dos exemplos.

A maneira de utilizar uma ou outra das modalidades de exemplos consiste, quando propomos o que pode se esperar razoavel-
mente acontecer, em mostrar que os cursos de ação indicados são
geralmente levados a cabo com sucesso desse modo; e, quando pre-
vemos algum resultado inesperado, em apresentar todos os casos
30 · em que os resultados se revelaram satisfatórios, embora parecessem
não atender a uma expectativa razoável. Sempre que teus opositores optarem por essa linha de argumentação, deverás demonstrar
que seus casos não passaram de felizes acasos, e afirmar que tais
ocorrências constituem uma raridade, ao passo que teus exemplos representam ocorrências frequentes. Esse é o modo de utilizar
exemplos. Em contrapartida, é evidente que, quando desejamos
35 · apresentar casos contrários à expectativa, devemos reunir o maior
número possível de exemplos deles e demonstrar, mediante seu
exame, que as ocorrências inesperadas são tão frequentes quanto
as esperadas. Devemos, ademais, retirar exemplos não só de casos similares como também de casos contrários. Exemplificando:
podes mostrar que um determinado Estado agiu egoisticamente
relativamente aos seus aliados, com o que sua amizade se rom-
1430a1 · peu, e então dizer: "Quanto a nós, se agirmos com justiça e como

70 | RETÓRICA A ALEXANDRE

parceiros relativamente aos nossos aliados, preservaremos nossa
aliança com eles por um longo tempo"; e podes mostrar que outros
foram à guerra sem o devido preparo e, consequentemente, foram
5 · derrotados, e então dizer: "Podemos nutrir maiores esperanças
de vitória contanto que estejamos preparados para a guerra.". Os
acontecimentos pretéritos e os presentes munir-te-ão de muitos
exemplos; de fato, a maioria das ações são, entre si, em parte semelhantes e em parte dessemelhantes, razão pela qual estaremos
10 · bem supridos de exemplos e não teremos dificuldade em opor os
exemplos aventados pelo lado adversário.

Estamos agora a par dos diferentes tipos de exemplos, de como
devem ser utilizados e da fonte da qual podemos tirar um bom
suprimento deles.

9

{EVIDÊNCIAS[17] SÃO FATOS QUE CONTRARIAM aquilo que é susten-
15 · tado no discurso*}*[18] e pontos nos quais o discurso entra em contradição consigo mesmo. De fato, a maioria dos ouvintes conclui, de incoe-
rências que ocorrem em conexão com um discurso ou ação, que
a linha de argumentação ou de conduta adotada é inteiramente
destituída de senso. Poderás obter um bom suprimento de evidên-
20 · cias considerando se o discurso de teu opositor entra em contradição consigo mesmo ou se a conduta de teu opositor contradiz
seu discurso.

Tal é a natureza das evidências e o método pelo qual obterás o
maior número delas.

---

17. Τεκμήρια... (*Tekméria*).

18. { } Fuhrmann destaca esta sentença como suspeita.

10

ENTIMEMAS SÃO FATOS QUE SE opõem ao discurso ou ação em pauta, e também os fatos que se opõem a qualquer outra coisa.
25 · Terás acesso a um bom suprimento deles utilizando o método descrito para a espécie investigativa de oratória, e considerando se o discurso se contradiz de qualquer maneira, ou se as ações perpetradas contrariam os princípios do justo, legal, apropriado, honroso (nobre), exequível, fácil ou provável, ou o caráter do orador, ou o curso usual dos acontecimentos. Esses são os entimemas
30 · a serem selecionados para o uso contra nossos opositores. Em apoio de nosso próprio caso, devemos citar os casos contrários, demonstrando que nossas ações e palavras são precisamente contrárias às injustas, ilegais e inapropriadas, e à conduta dos homens
35 · perversos – em síntese, às coisas julgadas más. É necessário que discursemos a favor de cada um desses tópicos o mais concisamente possível, e que nos expressemos mediante o mínimo possível de palavras. É esse, portanto, o modo pelo qual obteremos um grande número de entimemas, constituindo também o melhor método de empregá-los.

11

40 · DE MANEIRA SUMÁRIA, UMA MÁXIMA pode ser definida como a
1430b1 · expressão de uma opinião individual acerca de assuntos gerais que envolvem a conduta. As máximas são de dois tipos, a saber, as que se harmonizam com a opinião corrente e aceita, e as que dela divergem e a ela se opõem. Quando afirmas algo que é geralmente aceito, não há necessidade de apresentar razões para essa afirmação, visto que o
5 · que afirmas é familiar e não atrai a incredulidade; mas quando o que dizes é paradoxal, é forçoso que especifiques as razões com brevidade, de forma a evitar a prolixidade e não despertar a incredulidade.

72 | RETÓRICA A ALEXANDRE

As máximas citadas por ti devem estar relacionadas ao assunto em pauta para o que dizes não soar grosseiro e irrelevante. Consegui-
10 · remos constituir um grande número de máximas quer da natureza particular das circunstâncias do caso, quer pelo emprego da hipérbole, quer traçando paralelos. A seguir, indicamos exemplos de máximas extraídas da natureza particular das circunstâncias do caso: "Não acho possível para um homem tornar-se um general capaz se lhe faltar experiência nos negócios."; eis outro: "É característico de homens sensatos tirar proveito dos exemplos de seus predecessores, e assim empenhar-se em escapar dos erros que nascem da imprudên-
15 · cia.". Essas são as máximas que construiremos com base na natureza peculiar das circunstâncias do caso. A seguinte ilustra uma máxima baseada na hipérbole: "Tenho comigo que ladrões são piores do que assaltantes de estrada, porque os primeiros furtam nossa propriedade secretamente, enquanto os segundos o fazem abertamente.". Essa é a maneira de obtermos um grande suprimento de máximas baseadas
20 · na hipérbole. As máximas produzidas traçando-se paralelos são como esta: "Sou da opinião de que os que enganam as pessoas apropriando-se de seu dinheiro agem exatamente como os que traem suas pátrias, uma vez que ambos, depois de terem recebido a confiança, fazem o mal aos que neles confiaram"; outra: "Acho que meus opositores
25 · agem como tiranos, porque estes afirmam não serem punidos pelas injustiças perpetradas por eles próprios, embora exijam as punições mais severas para os crimes dos quais acusam os outros, ao passo que meus opositores, se tiverem em suas mãos algo que me pertença, não o devolvem, mas se acontecer de eu receber algo que lhes pertença, acham que devem tomá-lo de volta, acrescido de juros". Portanto, o uso desse método nos renderá um número copioso de máximas.

12

30 · UMA COISA É UM SIGNO DE OUTRA, mas uma coisa tomada fortuitamente não constitui um signo de alguma outra coisa tomada

ARISTÓTELES | 73

fortuitamente, tampouco é tudo um signo de tudo o mais; o signo de uma coisa é o que ocorre amiúde anteriormente, simultaneamente ou sucessivamente a ela. Aquilo que aconteceu pode ser um signo não somente do que aconteceu como também do que não aconteceu; e, analogamente, aquilo que não aconteceu pode ser um signo não somente do que não existe, como também do que realmente existe. Um signo possibilita a produção de opinião ou de conhecimento; se, por um lado, o melhor tipo de signo é o que produz conhecimento, o segundo melhor tipo é o que produz uma opinião sumamente provável. Para dizê-lo com brevidade, formaremos um amplo suprimento de signos a partir de tudo o que foi feito, dito ou visto, tomando-se cada coisa independentemente; e também a partir da grandeza ou pequenez do mal ou do bem resultantes; e também a partir de testemunhos e evidências; e a partir daqueles que nos apoiam ou apoiam nossos opositores; bem como a partir de nossos próprios opositores e a partir dos reptos feitos pelas partes; a partir de datas e estações; e a partir de muitas outras coisas. Disporemos, com base nessas fontes, de uma quantidade copiosa de signos.

13

UMA REFUTAÇÃO É ALGO que não pode ser de outro modo senão como *{dizemos que é}*;[19] é baseada em alguma necessidade presente na natureza das coisas ou em algo necessário enquanto sustentado por nós, ou em algo impossível na natureza das coisas ou impossível enquanto sustentado por nossos opositores. Um exemplo de algo naturalmente necessário está na afirmação de que *seres vivos requerem alimento,* e outras proposições desse tipo; algo necessá-

---

19. ...ἡμεῖς λέγομεν·... (*hemeîs légomen·*). { } Fuhrmann aponta aqui uma lacuna.

74 | RETÓRICA A ALEXANDRE

rio enquanto por nós sustentado encontra-se em *homens açoita-*
dos confessam exatamente o que aqueles que os açoitam dizem-lhes
para confessar; algo naturalmente impossível está em *uma pequena*
criança furtou uma soma de dinheiro maior do que o que era capaz
15 · *de carregar e com ela sumiu;* e será algo impossível enquanto sustentado por nosso opositor se este afirma *que em uma certa data*
celebramos o contrato em questão em Atenas, se estamos capacitados
a provar que no período indicado estávamos distantes em alguma
20 · outra cidade. Será com base nesses materiais e outros similares que
formaremos nossas refutações.

Examinamos de forma sumária todas as formas de demonstração (prova) extraídas de efetivas palavras, ações e pessoas. Vejamos
como diferem umas das outras.

14

25 · A DIFERENÇA ENTRE UMA PROBABILIDADE e um exemplo é que
a primeira é algo de que os próprios ouvintes têm alguma noção,
ao passo que os exemplos *[são produzidos com base em nossos pró-*
prios recursos. Exemplos diferem de evidências porque exemplos] [20]
podem ser tirados tanto de coisas contrárias quanto de semelhantes, ao passo que evidências só podem ser construídas com base
em contrariedades nas palavras e nas ações. Além disso, um en-
30 · timema difere no seguinte de uma evidência, a saber: enquanto
uma evidência é uma contrariedade nas palavras ou nas ações, o
entimema também seleciona contrariedades associadas a outras

---

20. [ ] Sauppe e Fuhrmann, bem como o próprio Bekker, apontam aqui uma
lacuna que é preenchida em caráter conjetural, apenas para manter a continuidade do período.

ARISTÓTELES | 75

espécies de coisas, quer dizer, enquanto é para nós impossível obter evidências, a menos que haja alguma contrariedade relativamente a ações ou palavras, os oradores podem produzir um entimema a
35 · partir de muitas fontes. Máximas diferem de entimemas pelo fato de que, enquanto os entimemas somente podem ser construídos com base em contrariedades, as máximas podem ser enunciadas tanto associadas a contrários quanto simplesmente sozinhas.
40 · O que distingue os signos das máximas e de todas as demais demonstrações (provas) já mencionadas é que, enquanto todas as outras criam uma opinião nas mentes dos membros do auditório que as ouvem, certos signos levam aqueles que julgam a ter claro
1431b1 · conhecimento, e enquanto nos é impossível suprir a maioria das outras demonstrações (provas) por nós mesmos, muitos signos podem ser construídos com facilidade. Ademais, uma refutação difere de um signo pelo fato de alguns signos limitarem-se a levar os ouvintes a formarem uma opinião, ao passo que toda refutação instrui os juízes sobre a verdade.

5 · Assim, do que foi dito informamo-nos acerca da natureza das demonstrações (provas) extraídas de palavras efetivas, ações e pessoas, das fontes das quais obteremos um bom suprimento delas, e das diferenças existentes entre elas. Passemos na sequência à discussão das diversas provas (demonstrações) suplementares.

10 · A opinião do orador é o pronunciamento de seu próprio ponto de vista sobre as coisas. O orador precisa mostrar que é experiente nas matérias acerca das quais discorre, além de necessitar demonstrar que constitui seu interesse exprimir a verdade no que toca a elas; quanto ao orador que está contradizendo, precisa, se possível, antes de tudo o mais, demonstrar que seu opositor carece de experiência quanto às matérias a respeito das quais, a despeito de sua
15 · falta de experiência, opina. Se isso não for possível, deve mostrar que mesmo peritos, com frequência, revelam-se completamente equivocados; caso isso seja inadmissível, deverá dizer que contraria o interesse de seus opositores declarar a verdade sobre a matéria em pauta. Essa é a forma de usarmos as opiniões expressas pelo

76 | RETÓRICA A ALEXANDRE

orador, tanto quando declarando a nossa própria quanto quando contradizendo outras pessoas.

15

TESTEMUNHO É UMA CONFISSÃO realizada voluntariamente por alguém que tem conhecimento dos fatos. O teor do testemunho tem necessariamente de ser provável ou improvável, ou de caráter duvidoso; analogamente, a testemunha tem de ser ou confiável ou não confiável, ou questionável. Quando o teor do testemunho é provável e a testemunha é sincera, não há necessidade de comentários adicionais a respeito do testemunho, a menos que, por questão de estilo, prefiras, com brevidade, introduzir uma máxima ou entimema; quando a testemunha é suspeita, deves declarar demonstrativamente que uma tal pessoa não daria falso testemunho por gratidão ou motivada por vingança ou lucro; deves, ademais, explicar que não vale a pena dar falso testemunho porque as vantagens auferidas com isso são pequenas, ao passo que sua detecção constitui coisa séria, e, se descoberto, aquele que incorreu no falso testemunho não só será punido pecuniariamente por força da lei, como também sofrerá na sua reputação e na perda de crédito. Esse é o método pelo qual faremos as testemunhas revelarem-se confiáveis e receberem crédito.

Quando contradizemos o testemunho, devemos depreciar o caráter da testemunha se for uma má pessoa, ou submeter seu testemunho a exame se mostrar-se implausível, ou mesmo discursar contra a pessoa e seu testemunho conjuntamente, reunindo em um único tópico os piores aspectos do caso dos opositores. Outro ponto a ser considerado é se a testemunha é amiga da pessoa a favor da qual está prestando testemunho, ou se está, de alguma forma, ligada à ação dessa pessoa, ou se é inimiga da pessoa contra a qual

está testemunhando, ou se é uma pessoa pobre. A razão é que tes-
40 · temunhas nessas situações são suspeitas de dar falso testemunho,
no primeiro caso por motivo de favorecimento, no segundo por
motivo de vingança e no terceiro por motivo de dinheiro. Diremos que foi para lidar com esses casos que o legislador promul-
1432a1 · gou a lei relativa ao falso testemunho, de modo que seria absurdo
que os juízes do caso, os quais juraram julgar em conformidade
com a lei, confiassem nas testemunhas quando o legislador nelas
não confiou. É dessa forma que levaremos as testemunhas a serem
desacreditadas.

É igualmente possível ocultar testemunho mediante um ar-
tifício, de uma maneira como esta: "Cálicles, testemunha a meu
5 · favor" – "Pelos deuses que não o farei" ele responde, "pois o acusado realmente cometeu o crime, a despeito de meu empenho no
sentido de evitá-lo". Graças a esse meio, sob a forma de uma recusa
a prestar testemunho, ele teria dado falso testemunho sem ficar
sujeito ao processo por esse delito. É esse, portanto, o meio pelo
qual lidaremos com o testemunho quando nos é vantajoso ocultá-
-lo. Caso nossos opositores recorram a um expediente análogo,
10 · colocaremos a nu sua prática suspeita e exigiremos que o façam
por escrito.

Tais sugestões instruem-nos sobre a maneira correta de lidar
com testemunhas e testemunhos.

16

A PROVA (EVIDÊNCIA) OBTIDA MEDIANTE tortura é a confissão
de cumplicidade dada involuntariamente. Quando nos interessa enfatizar esse tipo de prova, devemos declarar que indivíduos
empregam a tortura como um recurso para obtenção de provas
(evidências) relativas a assuntos de magna importância, o mesmo

78 | RETÓRICA A ALEXANDRE

15 · fazendo Estados envolvendo negócios de suma grandeza; que a evidência obtida mediante tortura é mais confiável do que a evidência ordinária, porque com frequência interessa às testemunhas mentir, ao passo que para indivíduos torturados vale a pena dizer a verdade para se livrarem mais rapidamente do sofrimento. Quando

20 · quiseres desacreditar a prova (evidência) obtida mediante tortura, deves começar por dizer que pessoas que estão sendo torturadas tornam-se hostis àqueles que as entregaram à tortura, motivo pelo qual fazem afirmações falsas contra seus senhores; em segundo lugar, deves dizer que quem está sendo torturado geralmente faz confissões cujo conteúdo não é verdadeiro para dar um fim o mais

25 · breve possível aos seus tormentos; e deves destacar que até homens livres, sob tortura no passado, fizeram, com frequência, declarações falsas contra si mesmos a fim de escapar da agonia do momento, de sorte que é muito mais provável que escravos fugissem à punição dizendo mentiras contra seus senhores, do que, quando

30 · suportando grande agonia física e mental, não se predispusessem a dizer uma mentira a fim de salvar outros do sofrimento.

Pelo recurso a tais argumentos e outros similares, garantiremos crédito ou descrédito para a prova dada mediante tortura.

17

UM JURAMENTO É UMA AFIRMAÇÃO não demonstrada que conta com o respaldo da invocação aos deuses. Quando é nosso

35 · interesse sustentar sua validade, cumpre-nos dizer: "Ninguém estaria disposto a cometer perjúrio, por temor do castigo dos deuses e de incorrer na infâmia perante os seres humanos", devendo nós enfatizar que, embora seja possível furtar-se a ser detectado pelos homens, não é possível furtar-se à percepção dos deuses. Quando nossos opositores recorrem ao juramento e nos interessa depreciá-

ARISTÓTELES | 79

40 · -lo, devemos frisar que aqueles que perpetram ações más são os mesmos indivíduos que não têm escrúpulos quanto a cometer per-

1432b1 · júrio; afinal, uma pessoa que é da opinião de que os deuses não notam suas ações viciosas também acha que escapará ao castigo se cometer perjúrio. Teremos muito a dizer sobre juramentos se nesse assunto adotarmos um método semelhante ao que já foi indicado anteriormente.

5 · Temos agora como alcançado o nosso propósito de examinar sumariamente todos os tipos de demonstração, tendo mostrado não só a força de cada um deles, como também as diferenças entre eles e o método adequado de empregá-los. A seguir, nos esforçaremos para explicar os expedientes restantes pertencentes às três

10 · espécies de oratória, e que são utilizáveis no desenrolar de discursos de todos os tipos.

18

ANTECIPAÇÃO É O MÉTODO GRAÇAS ao qual neutralizaremos o sentimento desfavorável experimentado contra nós, antecipando as críticas de nosso auditório e os argumentos dos que, do outro

15 · lado, tomarão a palavra a nosso desfavor. A forma de antecipar as críticas do auditório é a seguinte: "Mas talvez alguns de vós surpreender-se-ão por um jovem como eu ter tentado dirigir-me ao público discursando sobre assuntos de grande monta"; e também: "Que ninguém me encare com ressentimento por me propor a aconselhar-vos acerca de matérias sobre as quais certas outras pessoas relutam em abordar livremente convosco.". É assim que

20 · deves utilizar a antecipação em torno de matérias que provavelmente aborrecem o auditório, aduzindo razões que o levará a pensar que estás agindo corretamente ao oferecer aconselhamento; deves assinalar a ausência de oradores ou a magnitude dos perigos,

80 | RETÓRICA A ALEXANDRE

ou as considerações de interesse público, ou algum outro motivo
desse jaez que te capacitarão a dissipar o sentimento desfavorável
25 · com o qual és acolhido. Se o auditório insistir na atitude hostil
em relação a ti, deves dirigir-te a ele com brevidade, sob a forma
de uma máxima ou entimema, declarando, por exemplo, que é
extremamente estranho da parte do auditório ter ali comparecido
objetivando colher o melhor aconselhamento sobre a matéria e
imaginar que poderá colher sábios conselhos sem se dignar a ou-
30 · vir o que os oradores têm a dizer; e também que o procedimento
adequado consiste ou em levantar e darem eles mesmos (os membros do auditório) algum aconselhamento ou ouvirem aqueles
que o fazem, e então manifestarem sua própria opinião por meio
do voto a favor do aconselhamento preferido. Essa é a forma de
utilizar a antecipação e enfrentar interrupções ou tumultos nos
discursos políticos.

Nos discursos forenses anteciparemos o caso de nossos opositores mediante métodos similares aos já indicados; e enfrenta-
35 · remos a possível manifestação desfavorável traduzida por interrupções ou tumultos no início de nossos discursos nos seguintes
termos: "Ora, decerto não é racional que, tendo o legislador determinado que se permite a todo litigante proferir dois discursos,
e tendo vós, membros do júri, jurado julgar de acordo com a lei,
40 · ainda assim vos recusais a ouvir sequer um único discurso, e que,
1433a1 · embora tenha ele feito essa cuidadosa determinação para vós, a
fim de assegurar que voteis conforme vosso juramento após ouvir
todos os discursos, vos mostreis tão indiferentes às suas regras, a
ponto de, sem sequer ouvir os inícios dos discursos, já pensardes
estar perfeitamente cientes dos fatos.". Ou podes formular a coisa
diferentemente e dizer: "Decerto é irracional que, apesar do le-
5 · gislador ter determinado que se os votos forem iguais o réu terá
ganho de causa, vos aferreis à opinião contrária no que tange a
isso, adotando a postura de nem sequer ouvir a defesa daqueles
que foram vítimas de informações falsas; e que, embora tenha ele
concedido essa vantagem aos réus referente aos votos pelo fato de

ARISTÓTELES | 81

10 · seu risco ser o maior, não suscitais conflitos com os acusadores, os
quais não correm risco algum, mas atemorizais com vossa gritaria
os que, receosos e correndo perigo, apresentam suas defesas às acusações de que foram objeto. Esse é o meio de enfrentar tumultos
se ocorrerem no início. Se o clamor dos ouvintes irromper quando
já tiveres avançado consideravelmente em teu discurso, supondo
15 · que aqueles que o interrompem sejam poucos, deves repreendê-los
dizendo-lhes que a justiça exige que te ouçam agora, de modo a
não impedir que o resto do júri proceda a um julgamento correto, mas que, quando ouvirem a ti, poderão fazer o que quiserem.
Se, entretanto, o tumulto for produzido pela maioria do auditó-
20 · rio, não repreendas os juízes, mas a ti mesmo, porque repreendê-
-los despertará sua cólera, ao passo que censurar a ti próprio e
admitires que cometeste um erro na tua maneira de falar atrairá
seu perdão. Deves, inclusive, começar por rogar aos juízes que se
dignem favoravelmente a ouvir teu discurso, e não antecipar a
opinião deles acerca da questão para a qual estão na iminência de
25 · dar seu voto secreto. E, em geral, lidaremos sumariamente com as
interrupções causadas por tumulto com máximas ou entimemas,
frisando que os que interrompem tumultuosamente estão obs-
truindo a justiça ou a lei, ou o interesse público, ou opondo-se ao
que é nobre. Eis aí as melhores maneiras de impedir o auditório
de interromper os discursos.

30 ·   As observações anteriores instruem-nos quanto a como empregar a antecipação no que se refere ao auditório e como enfrentar as interrupções. Na sequência demonstrarei como devemos
antecipar aquilo que será provavelmente declarado por nossos
opositores. Podes dizer: "Ora, talvez ele venha a se lamentar de
sua pobreza, cuja culpa não cabe a mim, tendo sido causada por
35 · seu próprio modo de vida"; ou: "Disseram-me que ele pretende
dizer isso ou aquilo.". Essa é a forma, quando nos é dada a palavra
primeiramente, de antecipar aquilo que provavelmente será dito
por nossos opositores, a fim de desacreditá-los e reduzir sua força.
De fato, mesmo que os argumentos que prenunciaste sejam bas-

82 | RETÓRICA A ALEXANDRE

tante convincentes, perderão muito de seu peso para um auditório que já os ouviu. Se a palavra nos foi dada depois do discurso do opositor, e este antecipou o que iríamos dizer, deveremos atacar suas antecipações e contestá-las da seguinte maneira: "Não só meu opositor vos disse muitas coisas contra mim que são falsas, como igualmente, como sabia muito bem que eu o refutaria, antecipou meu argumento desacreditando-o de antemão, para que vós não prestásseis a mesma atenção a ele, ou para que eu não pudesse utilizá-lo em meu discurso dirigido a vós por ter sido antecipadamente desacreditado por ele. Penso, porém, que deveis ouvir meus argumentos saídos de meus próprios lábios e não dos dele, mesmo que ele procure desacreditá-los, alegando coisas que afirmo serem um forte indício de que tudo o que ele diz carece de solidez.". Na passagem a seguir, do *Filoctetes*, Eurípides empregou habilmente essa espécie de argumento:

Falarei, embora pense ele ter destroçado
Meu discurso assumindo para si a culpa.
Mas não, sabereis de mim os próprios fatos.
Que seu próprio discurso desvele quem ele é.[21]

Graças a essas considerações, estamos instruídos quanto ao emprego das antecipações tanto no tocante aos juízes quanto no que tange aos nossos opositores.

19

NOS DISCURSOS, POSTULADOS SÃO pedidos feitos pelos oradores aos ouvintes. Alguns são justos, outros não. É justo pedir

---

21. Eurípides, fragm. 794, Dindorf.

que prestem atenção no que está sendo dito e se predisponham
20 · a ouvir. É igualmente justo pedir que, cumprindo a lei, proporcionem assistência às pessoas e não votem a favor de qualquer sentença que a contrarie; [é também justo pedir] que manifestem compaixão diante do infortúnio. Entretanto, fere a justiça pedir qualquer coisa que contrarie a lei. Esses, portanto, são os
25 · postulados, e distinguimos suas variedades para sabermos quais são justificáveis e quais não, os empregarmos adequadamente e nos ser possível perceber quando o opositor faz um pedido injusto à corte. Se atentarmos para o que acaba de ser indicado, disporemos do conhecimento apropriado desse assunto.

20

A RECAPITULAÇÃO É UM BREVE LEMBRETE. Deve ser utilizada
30 · tanto no desfecho de uma divisão do discurso quanto no desfecho final. Em síntese, recapitularemos ou sob a forma de um cálculo, ou sob a de uma recomendação, ou sob a de um questionamento, ou sob a de uma enumeração. O exemplo que se segue envolve
35 · um cálculo: "Quanto a mim, não sei dizer o que estes homens teriam feito se não fosse evidente nos terem abandonado no passado e se não houvesse sido provado terem marchado contra nosso Estado e jamais terem ainda cumprido um único de seus compromissos.". Essa é a natureza do cálculo. O exemplo seguinte é o de
40 · uma enumeração: "Mostrei que eles foram os primeiros a romper
1434a1 · o tratado de aliança e tomaram a iniciativa de nos atacar quando guerreávamos com os lacedemônios, e que exibiram o mais acirrado interesse em reduzir nossa cidade à absoluta escravidão.". Essa é a natureza da enumeração. O lembrete feito recomendando-se um curso de ação é como se segue: "Deves ter em mente que desde que
5 · estabelecemos amizade com essas pessoas, nunca mais aconteceu

de sofrermos agressão de nossos inimigos, porque eles frequentemente vieram em nossa ajuda e impediram que os lacedemônios
devastassem nosso território, e prosseguem até hoje contribuindo
financeiramente conosco por meio de grandes somas de dinheiro.". Essa é a forma de fazer um lembrete recomendando um curso de ação. O exemplo seguinte é o de uma recapitulação sob a
10 · forma de um questionamento: "Apreciaria que me informassem
por que não nos pagam o tributo que devem. Não ousariam afirmar que lhes faltam fundos quando está demonstrado que obtêm
uma larga renda anual de sua terra; tampouco dirão que estão
gastando um elevado montante na administração de seu Estado,
15 · uma vez que está claro que têm absolutamente o menor gasto de
todos os insulares.". É assim que recapitularemos sob a forma do
questionamento.

21

Ironia é dizer algo e se dar o ar de que não o está dizendo,
ou designar as coisas pelos nomes de seus opostos. Pode assumir a
20 · forma da breve evocação de coisas ditas antes, como, por exemplo:
"Não penso que qualquer coisa precisa ser dita para mostrar que
estes homens, os quais dizem que prestaram muitos serviços ao
Estado, são vistos como tendo lhe feito um grande mal, ao passo
que nós, que eles acusam de ingratidão, somos vistos como os tendo
auxiliado frequentemente, e como não tendo jamais feito nenhuma
injustiça a qualquer pessoa.". Essa é a forma de lembrar brevemente
25 · teus ouvintes de algo dando os ares de omiti-lo. O exemplo seguinte ilustra o expediente de designar as coisas por meio dos nomes
opostos: "Parece que, enquanto esses honrados cidadãos causaram
muitos males aos nossos aliados, nós, criaturas vis, fomos a causa
de muitos benefícios para eles.".

ARISTÓTELES | 85

30 · Esses são os meios nos quais utilizaremos a recapitulação sob a forma de um breve lembrete, tanto na conclusão das divisões de um discurso quanto na conclusão final do discurso como um todo.

22

A SEGUIR EXPLICAREMOS COMO obter o estilo agradável e elegante no discurso e como controlar a extensão deste como desejamos.

35 · Um estilo elegante e agradável pode ser conseguido por meio do seguinte método: introduz-se entimemas pela metade, de tal modo que o auditório possa entender a outra metade por si mesmo. Pode-se também incluir máximas, devendo-se introduzir uma seleção dessas em todas as divisões de um discurso, diversificando as palavras e jamais colocando muitas frases semelhantes na mesma 40 · passagem. Desse modo, o discurso produzirá um efeito agradável e será elegante.

1434b1 · Se desejares aumentar a extensão de teu discurso, deves dividir o assunto e, em cada divisão, explicar a natureza dos pontos nele contidos e a aplicação particular e geral deles, além de indicar 5 · extensivamente seus fundamentos. Se desejarmos tornar nosso discurso ainda mais longo, deveremos fazer uso de um grande número de palavras em torno de cada tópico. A cada divisão do discurso, devemos proceder concisamente a uma recapitulação. À conclusão do discurso, deverás reunir os tópicos com os quais lidaste sepa-10 · radamente e abordar o assunto como um todo. Eis aí a forma de aumentar a extensão dos discursos.

Se, [pelo contrário], desejas discursar com brevidade [sendo necessário reduzir a extensão do discurso], deves incluir toda a ideia do assunto em uma única palavra, sendo esta palavra a mais curta das palavras que se ajustam à ideia; além disso, deves usar poucos conectivos e associar o máximo de palavras em uma ora-

86 | RETÓRICA A ALEXANDRE

ção. É assim que deves empregar as palavras. Deves fazer as pala-
15 · vras [da linguagem que usas] cumprir finalidade dupla. Elimina as
recapitulações concisas de cada divisão do discurso; conservando
somente a recapitulação final. Dessa maneira, tornaremos nossos
discursos curtos.

Se desejas um discurso de moderada extensão, seleciona as divisões mais importantes do assunto e compõe teu discurso as tendo
como objeto. Ademais, deves utilizar palavras de extensão me-
20 · diana, nem as mais longas nem as mais curtas, e tampouco muitas
palavras, ainda que de extensão moderada, para expressares algo.
Não deves nem suprimir todas as conclusões das divisões interme-
diárias, nem introduzi-las em todas as divisões; deves, entretanto,
25 · proceder a especiais recapitulações no fim daquelas partes para as
quais desejas atrair maior atenção de teus ouvintes.

Essas diretrizes nos servirão para regularmos a extensão de
nossos discursos quando desejarmos fazê-lo.

Se quiseres compor um discurso agradável e elegante, toma o
máximo cuidado no sentido de ajustar o caráter de teu discurso ao
30 · do teu público. Atingirás essa meta se observares o caráter deles, se
é grandioso, mesquinho ou mediano.

Com essas considerações ficas instruído quanto a essas matérias. Trataremos, na sequência, da combinação das palavras, algo
que é também essencial.

23

COMECEMOS POR ESCLARECER QUE há três tipos de palavras:
simples, compostas e metafóricas. Consequentemente, há também
três maneiras de combinar as palavras, ou seja, uma para as palavras
35 · justapostas terminarem uma sílaba com uma vogal e começarem
a seguinte com uma vogal, a segunda para terminarem com uma
consoante quando uma consoante inicial se segue, e a terceira segundo a qual associas consoantes com vogais.

ARISTÓTELES | 87

Há quatro ordens nas quais se encaixa a disposição das palavras. Em primeiro lugar, podes ou colocar palavras semelhantes lado a lado ou conservá-las separadas; em segundo, podes usar as mesmas palavras ou mudar para outras diferentes; em terceiro, podes designar uma coisa por meio de uma palavra ou muitas; e, em quarto lugar, podes mencionar, na sua própria ordem, os assuntos que te propuseste a tratar, ou então transpô-los. Mostraremos a seguir como tornar atraente ao máximo a expressão de teu pensamento.

24

O PRIMEIRÍSSIMO PONTO A SER considerado é estruturar a expressão de teu pensamento com uma divisão dupla; em segundo lugar, é necessário que discurses transmitindo clareza ao que queres dizer.

As formas de expressão dupla do pensamento são as seguintes: *primeiro*, dizer que alguém pode fazer a coisa em pauta e outra; *segundo*, que esse indivíduo não pode fazer uma coisa, mas que alguém mais pode; *terceiro*, que esse indivíduo pode fazer a coisa em pauta e também algo mais; *quarto*, que nem pode alguém fazer uma coisa, nem o pode qualquer outra pessoa; *quinto*, que alguém não pode fazer uma coisa, mas outra pessoa pode; *sexto*, que alguém pode fazer uma coisa, mas a outra pessoa não pode fazer algo mais. Podes perceber cada uma dessas formas ilustradas nos exemplos que se seguem. Um exemplo da elocução de que alguém pode fazer a coisa e também outra é: "No que me diz respeito, não só cheguei a tais resultados para ti, como também barrei Timóteo quando ele ia conduzir seu exército contra ti." Um exemplo da elocução de que esse indivíduo não pode fazer uma coisa, mas outro pode, é: "Este indivíduo é, pessoalmente, incapaz de atuar como teu embaixador, mas este aqui é amigo do Estado

88 | RETÓRICA A ALEXANDRE

espartano e estaria mais capacitado a fazer o que queres.". Que esse
indivíduo pode fazer a coisa em pauta e também algo mais é exem-
20 · plificado assim: "Ele não só se revelou um homem vigoroso nas
guerras, como também não é o menos competente de nossos cidadãos para dar aconselhamento [sobre política diplomática].". Que
nem alguém pode fazer uma coisa nem o pode ninguém mais é
exemplificado assim: "Contando com modestas forças [marciais],
não pude eu mesmo derrotar nossos inimigos, como tampouco o
podia fazer qualquer outro de nossos cidadãos.". Que alguém não
25 · pode fazer uma coisa, mas outra pessoa pode: "Sim, ele é fisicamente vigoroso, porém eu, de fato, não sou.". Que alguém pode
fazer a coisa, mas que outra pessoa não pode fazer alguma outra
coisa: "Sou capaz de pilotar, mas ele não é capaz sequer de remar.".
É esse, portanto, o procedimento pelo qual construirás as formas
30 · de uma elocução dupla, bastando adotar o mesmo método para
todos os assuntos. Temos agora de considerar como conferir clareza ao que se quer dizer.

25

PRIMEIRAMENTE, DESIGNA TUDO de que falas por meio de seu
nome correto, evitando a ambiguidade. Toma cuidado para não
justapor vogais. Toma o cuidado de acrescer os *artigos*, onde neces-
35 · sário. Ao empregar as palavras, observa a construção da sentença,
a fim de evitar tanto a confusão quanto a transposição delas, o que
dificulta sua compreensão. Depois de empregar partículas conectivas introdutórias, coloca partículas consecutivas correspondentes.
40 · O que se segue é um exemplo da colocação da partícula correspon-
1435b1 · dente: "Eu *decerto*[22] vim ao lugar ao qual disse que viria, *mas*[23] tu,

---

22. ...μὲν... (*mèn*).

23. ...δὲ... (*dè*).

ARISTÓTELES | 89

embora tenhas prometido vir, não o fizeste." Ou então, quando se segue a mesma partícula: "Foste a causa daquilo *e* és a causa disso.".
Isso é elucidativo no que toca às partículas conectivas. A partir dos
5 · exemplos dados deves inferir o emprego das outras.

O uso das palavras na construção das sentenças não deve causar nem confusão nem transposição. Um exemplo de construção confusa é o seguinte: "É terrível para este indivíduo golpear este indivíduo",[24] já que não fica claro qual dos dois é que golpeia, embora ficasse claro se dissesses: "É terrível para este indivíduo ser golpeado
10 · por este indivíduo.". Esse é um exemplo do uso de palavras em uma construção confusa [...].[25]

O exemplo seguinte ilustra o cuidado de colocar os artigos nos lugares necessários: "O homem prejudica o homem", caso em que a presença dos artigos torna claro o significado, o qual ficaria obs-
15 · curo com a remoção deles, embora em alguns casos o resultado seja o contrário. No que respeita aos artigos, é essa a situação.

Não disponhas vogais em justaposição, salvo em casos nos quais é impossível expressar de outra forma o significado, ou quando ocorrer uma pausa para respiração ou algum outro intervalo.

A situação indicada a seguir mostra como nos esquivarmos
20 · de ambiguidades. Há casos em que a mesma palavra é usada em diversos sentidos, por exemplo ὁδός e ὁδός.[26] Em casos tais deves sempre acrescentar algo que denote o sentido correto.

---

24. Este exemplo não faz propriamente sentido na língua portuguesa. Devemos ter o grego em vista, onde ...τοῦτον τύπτειν τοῦτον... (*toŷton týptein toŷton*), ou ...τοῦτον τοῦτον τύπτειν... (*toŷton toŷton týptein*), enseja uma ambiguidade.

25. Fuhrmann aponta uma lacuna neste ponto.

26. No primeiro caso (onde o primeiro ômicron é mudo [espírito brando], o sentido é o de acesso, entrada, soleira de porta); no segundo (onde o primeiro ômicron é aspirado [espírito áspero], o sentido é o de caminho, via, estrada e também viagem, e figurativamente modo, maneira.

26

25 · OCUPEMO-NOS AGORA das antíteses, parisoses e similaridades, uma vez que também delas necessitaremos.

Uma sentença é antitética quando ou a terminologia ou o significado, ou ambos ao mesmo tempo, são opostos nas orações que se opõem. O exemplo seguinte seria de uma antítese simultaneamente em termos e significado: "Não é justo que meu opositor 30 · enriqueça por meio da posse do que me pertence, enquanto eu, ao me separar de minha propriedade, torno-me um mero mendigo.". Antítese apenas nos termos: "Que os ricos e os prósperos deem aos pobres e necessitados.". No significado: "Cuidei dele quando estava enfermo, mas ele me causou vultosos infortúnios", caso em 35 · que os termos não se opõem, mas as ações sim. A antítese nos dois aspectos, ou seja, tanto no significado quanto nos termos (verbal), seria a mais eficiente, porém as duas demais formas também são genuinamente antitéticas.

27

A PARISOSE OCORRE QUANDO a sentença possui dois membros 40 · iguais. É possível existir igualdade entre muitas coisas pequenas, entre poucas coisas grandes e entre um igual número de coisas de 1436a1 · igual tamanho. A parisose toma uma forma como a do seguinte

ARISTÓTELES | 91

exemplo: "Ou devido à falta de recursos ou devido à magnitude da guerra" – essas orações não são nem semelhantes entre si, nem opostas, mas apenas iguais uma à outra.

28

5 · A PAROMOIOSE VAI ALÉM DA PARISOSE, uma vez que não se limita a tornar os membros iguais na extensão, como também os assimila construindo-os de palavras semelhantes, como no seguinte exemplo: "Se queres uma imitação da terminologia, constrói uma simulação do desejo.". Assimila, sobretudo, as terminações 10 · das palavras, o que constitui o melhor modo de produzir paromoiose. Palavras similares são as formadas por sílabas similares, apresentando como idênticas a maioria de suas letras. Por exemplo, "Em número, deficiente, porém em capacidade, eficiente." *{Uma sugestão espontânea proporcionará detalhes que se encontram fora do âmbito da arte.}*[27]

É o suficiente acerca desses assuntos, mesmo porque conhe- 15 · cemos a natureza do justo, legal, honroso (nobre), apropriado e do resto desses tópicos, e as fontes das quais podemos extraí-los em grande número. Do mesmo modo, compreendemos o significado das amplificações e minimizações, e como obter um bom suprimento delas para nossos discursos. E, de maneira semelhante, 20 · conhecemos as antecipações, postulados solicitados ao auditório, recapitulações, o estilo elegante e agradável, bem como a questão da extensão dos discursos e todo o assunto de como construir a expressão do pensamento (elocução); por conseguinte, estando

---

27. ...ὅσα δὲ ἔξω τέχνης κεῖται, τὸ αὐτόματον αὐτὸ δείξει... (*hósa dè éxo tékhnes keîtai, tò aytómaton aytò deíxei*). { } Esta sentença, aparentemente desconexa, não está presente no texto de Fuhrmann.

92 | RETÓRICA A ALEXANDRE

a par das qualidades comuns a todas as espécies de oratória e das maneiras de empregá-las com base no que foi dito anteriormente, 25 · se nos habituarmos e treinarmos no sentido de repeti-las com base nos nossos exercícios preparatórios, atingiremos grande facilidade tanto no escrever quanto no falar.

Tomando, assim, as partes separadamente, distinguirás, então, da maneira mais exata, os métodos do discurso. Na próxima etapa cabe-me explicar o modo correto de dispor organicamente 30 · os discursos nas diversas espécies de oratória: quais partes devem ser tratadas primeiramente e como estas partes, elas próprias, devem ser tratadas.

Inicio, portanto, pelo proêmio, por ser ele comum às setes espécies de oratória e sua discussão aplicar-se a todos os assuntos.

29

Do PONTO DE VISTA GERAL, o proêmio é uma preparação dos ouvintes e uma apresentação sumária do assunto aos que o igno- 35 · ram, com o intuito de informá-los a respeito do objeto do discurso e capacitá-los a acompanharem o processo argumentativo, além de exortá-los a prestar atenção e conquistar sua disposição favorável em relação a nós, na medida em que isso pode ser realizado graças a um discurso. Essas são as medidas preliminares cuja execução cabe necessariamente ao proêmio.

40 ·   Explicarei primeiramente a forma de emprego do proêmio no que toca à oratória política e aos discursos de persuasão e dissuasão.

1436b1 ·   Indico a seguir exemplos de como expor e elucidar em caráter preliminar o próprio assunto ao auditório, a saber: "Ergo-me para recomendar-vos irmos à guerra no interesse de Siracusa"; "Ergo-me para demonstrar que não devemos prestar ajuda a Siracusa.". Esses são exemplos da apresentação sumária de nosso assunto.

ARISTÓTELES | 93

5 · Podemos aprender como atrair a atenção observando quais os tipos de argumentos e fatos aos quais nós mesmos prestamos o máximo de atenção quando participamos de um Conselho. Não será quando estamos deliberando sobre matérias importantes, ou alarmantes, ou que concernem estritamente a nós, ou quando os oradores declaram que demonstrarão que o procedimento que 10 · nos exortam a adotar é justo, nobre, apropriado, fácil e honesto, ou quando nos suplicam que os ouçamos atentamente? Assim sendo, faremos com que prestem atenção a nós do mesmo modo que nós próprios somos levados a prestar atenção a outros, ou seja, tomando aqueles pontos enumerados que se revelam os mais pertinentes ao caso que estamos apresentando e os colocando ante 15 · nosso auditório. Eis aí os meios a serem adotados para atrair a atenção dos ouvintes.

Asseguraremos a boa vontade deles observando qual sua atitude em relação a nós: se são amistosos, hostis ou simplesmente indiferentes. Se mostram-se amistosos, é supérfluo falar de boa 20 · vontade, mas, se mesmo assim quisermos fazê-lo, devemos tocar nesse ponto sumariamente, em um tom irônico, como: "Penso ser para mim ocioso dizer-vos que sou um cidadão leal ao Estado, que fostes amiúde levados por meus conselhos a assumir procedimentos apropriados e que revelo uma postura justa quanto aos meus deveres públicos, e que me mostro mais disposto a sacrificar parte 25 · dos meus interesses privados do que me beneficiar às custas do erário... sabeis de tudo isso perfeitamente bem. Meu empenho será, ao contrário, no sentido de vos demonstrar que contareis com bom conselho se me ouvirdes também nesta oportunidade.". Nos discursos políticos a um auditório amistoso, essa é a forma de lembrá-lo de sua boa vontade.

30 · Devemos, por outro lado, declarar a um auditório que não se mostra nem hostil nem amistoso que é correto e apropriado ouvir de boa vontade concidadãos que não ofereceram ainda uma prova de sua competência como oradores; em seguida, devemos lisonjear o auditório louvando-o por seu costume de avaliar os dis-

94 | RETÓRICA A ALEXANDRE

cursos de uma maneira justa e reveladora de seu discernimento; além disso, é necessário recorrer a uma certa autodepreciação nos

35 · seguintes termos: "Ergo-me perante vós não por confiança em meu próprio talento, mas porque acredito que a proposta que estou prestes a apresentar é benéfica para o Estado.". É por meio desses métodos que devemos assegurar a boa vontade de nosso auditório quando este não se mostra nem predisposto favoravelmente nem desfavoravelmente a nós.

Se há hostilidade em relação ao orador, isso necessariamente vincula-se à pessoa do orador ou ao objeto de seu discurso, ou à lin-

40 · guagem empregada por ele na oportunidade. A hostilidade contra

1437a1 · os próprios oradores tem sua origem ou na situação presente ou em algo do passado.

Se pesa sobre alguém a suspeita de uma conduta condenável no passado, ele deve começar por recorrer à antecipação dirigida ao auditório, declarando o seguinte: "Eu estou perfeitamente ciente de que há uma prevenção contra mim por conta de acusações que,

5 · entretanto, demonstrarei que carecem de fundamento.". Em seguida, no teu proêmio deves apresentar com brevidade todos os argumentos de que dispões para tua defesa e objetar quanto às formas de julgamento, pois, se alguém foi objeto de depreciação pública ou privadamente, já ocorrèu um julgamento ou um julgamento é iminente no futuro imediato, ou ainda os que fize-

10 · ram a acusação não se predispõem a levar o assunto a julgamento; *adicionalmente, temos de declarar que o julgamento foi conduzido injustamente*[28] e que fomos vítimas de tramas de pàrtidos rivais; ou, caso isso não seja possível, devemos alegar que nosso infortúnio naquela oportunidade foi suficiente castigo e que, uma vez julgada a matéria, seria justo que a pessoa não continuasse mais a

15 · ser alvo de desabono por conta do mesmo caso. Se há a expectativa da realização de um julgamento, deves dizer que estás pronto para

---

28. ...καὶ ῥητέον ὡς ἀδίκως ἡ κρίσις ἐγένετο... (*kaì rhetéon hos adíkos he krísis egéneto*). Fuhrmann destaca esta sentença como suspeita.

ser julgado de imediato pelos membros da sessão relativamente às acusações feitas contra ti e que, se for provado que és culpado de qualquer delito contra o Estado, considerarás a ti mesmo como merecedor da pena de morte. Se os acusadores não quiserem nos processar, deveremos usar este próprio fato como uma prova de 20 · que a acusação apresentada por eles não tem fundamento, já que é bastante improvável que pessoas que façam acusações verdadeiras não queiram levá-las a julgamento. Deves sempre denunciar essas pessoas como caluniadoras, e que se trata de algo monstruoso, do interesse comum e causa de muitos males; deves destacar que muitas pessoas antes já foram arruinadas pela prevenção caluniosa, 25 · e frisar também que é insensato, quando se delibera sobre uma matéria de interesse público, desconsiderar o procedimento correto à luz daquilo que todas as partes têm a dizer, mas permitir que uma perturbação seja criada pelas calúnias de algumas delas. Deves também comprometer-te a demonstrar que os conselhos que te propuseste a apresentar são justos e apropriados. Esse é o método de contestar prevenções que deve ser adotado nos discur- 30 · sos políticos por pessoas que são objeto de hostilidade que tem origem no passado.

No que se refere ao presente, a primeira coisa que gera hostilidade contra os oradores é a idade deles. Se alguém muito jovem ou alguém muito velho discursa em público, desagrada porque as pessoas acham que o primeiro não devia ainda se propor a discur- 35 · sar, enquanto o segundo já devia ter cessado de fazê-lo. Hostilidade também é gerada contra o orador que faz discursos muito frequentemente, pois ele acaba por ser considerado um intrometido. Também atrai a hostilidade aquele que jamais discursou antes, pois nesse caso supõe-se que ele tem algum motivo especial de cunho particular para discursar, contrariando seu hábito. Essas são, portanto, as formas nas quais a hostilidade, com referência ao presente, provavelmente é gerada contra o orador que profere 40 · discursos políticos. A defesa contra elas, no que tange a uma pessoa 1437b1 · jovem, deve apoiar-se no argumento da falta de conselheiros, e no

96 | RETÓRICA A ALEXANDRE

seu especial interesse na matéria, quero dizer, por exemplo, em um caso que envolve a superintendência de uma corrida com tochas ou de um ginásio, couraças ou cavalos, ou no que respeita à guerra, visto que esses são interesses geralmente de jovens.

5 · Deve também dizer que se não dispõe da sabedoria dada pelos anos, dispõe, de qualquer forma, daquela que provém da natureza e da zelosa aplicação. É necessário também salientar que, quando um indivíduo fracassa, o infortúnio é o seu quinhão exclusivo, porém, quando obtém êxito, os benefícios que colhe são partilhados pelos outros. Essas são as considerações que devem servir de base à defesa de um jovem. Um velho deve escusar-se com base na falta de conselheiros e apoiar-se na sua experiência no 10 · assunto. Além disso, deve acentuar a magnitude e a natureza extraordinária dos perigos e aspectos semelhantes. Aquele que tem o hábito de discursar com demasiada frequência deve alegar sua larga experiência e que seria indecoroso de sua parte omitir sua opinião nessa oportunidade quando anteriormente mostrava-se um orador constante. Alguém não afeito ao hábito de discur-15 · sar deve alegar a magnitude da crise e a necessidade absoluta de todo membro do Estado manifestar sua opinião acerca da matéria em pauta.

É por meio de tais argumentos que nos discursos parlamentares (políticos) tentaremos dissipar a prevenção contra nossa pessoa.

A prevenção contra o assunto do discurso é gerada quando o orador aconselha a tomada de medidas contra pessoas inócuas ou 20 · contra pessoas que se acham em posição mais poderosa, ou quando o orador aconselha uma paz desonrosa, ou, no que tange aos festivais [religiosos], recomenda a redução da contribuição ou apresenta alguma proposta nesse sentido. Quando nos dirigirmos a um auditório discursando em torno desses assuntos, deveremos começar por utilizar a antecipação e, em seguida, atribuir a culpa à neces-25 · sidade, à sorte, às circunstâncias e ao que é apropriado, e declarar que, nessas matérias, não há responsabilidade dos conselheiros, mas a premência dos fatos do caso. É por meio dessa classe de argumen-

ARISTÓTELES | 97

tos que livraremos os conselheiros da prevenção dirigida ao assunto de seus discursos.

O efetivo discurso político proferido ao público gera prevenção quando é demasiado longo, antiquado ou não é convincente. Se é
30 · demasiado longo, deves justificá-lo alegando a multiplicidade dos fatos e a abundância de material; se antiquado, deves explicar que isso se revela apropriado nas circunstâncias; se não convincente, deves comprometer-te a demonstrar a verdade de tuas afirmações no decorrer de teu discurso.

Sendo esses os materiais com base nos quais construiremos nossos discursos parlamentares (políticos), como os organizaremos? Se inexistir qualquer prevenção contra nós, contra nosso
35 · discurso ou nosso assunto, formularemos nossa proposta logo no começo, exortando em seguida nosso auditório a nos ouvir atentamente e de boa vontade. Se houver qualquer prevenção causada por alguma coisa comentada anteriormente sobre nós, teremos de antecipar a reação do auditório e, com brevidade, expor nossa
40 · defesa e escusas no tocante à prevenção gerada, para só depois
1438a1 · apresentar nossa proposta e solicitar a atenção do auditório.

Eis o modo no qual os discursos públicos devem ser construídos.

30

NA SEQUÊNCIA, CABE-NOS RELATAR aos nossos ouvintes eventos ocorridos no passado, ou deles lembrá-los, ou explicar eventos
5 · tos que ocorrem no presente, ou então predizer o que é provável ocorrer no futuro. Desse modo, quando estivermos relatando os resultados de uma missão diplomática, devemos fazer uma clara exposição de tudo o que foi dito, para que, em primeiro lugar, nosso discurso possa ter volume (uma vez que um discurso desse tipo

98 | RETÓRICA A ALEXANDRE

será um relatório e nada mais, nenhuma outra forma de oratória sendo nele introduzida), e em segundo lugar, para que, caso nossa
10 · missão haja sido um fracasso, o auditório possa não pensar que o malogro foi devido a nossa negligência, mas a alguma outra causa; no caso de nosso êxito, que possam supor que assim aconteceu não
15 · acidentalmente, mas por conta de nosso zelo. Como os membros do auditório não estavam presentes às negociações, darão crédito a isso ao observar o nosso empenho e zelo manifestados no discurso, nada omitindo, mas relatando tudo minuciosamente. Por força dessas razões, portanto, ao fazermos o relatório de uma missão diplomática, devemos apresentar uma exposição minuciosa de tudo o que sucedeu. Ao fazer um discurso, ao relatarmos algo que acon-
20 · teceu no passado, ou descrevendo a situação presente, ou prevendo o futuro, é necessário que realizemos cada uma das coisas que se seguem de maneira clara, breve e convincente: temos de ser claros para que o auditório possa apreender os fatos por nós indicados, concisos para que possa lembrar-se do que dissemos, convincentes
25 · para que nossos ouvintes possam não rejeitar nossa narrativa antes de termos fundamentado nossas afirmações com demonstrações e justificações. A clareza expositiva dever-se-á à linguagem utilizada ou aos fatos. Aos fatos se não os apresentarmos em uma ordem
30 · invertida, mas mencionarmos primeiramente os que ocorreram, ou estão ocorrendo, ou vão ocorrer primeiro, e organizarmos os restantes sequencialmente, e se não abandonarmos a matéria sobre a qual nos propomos a falar e nos ocuparmos de outro assunto. É assim que nosso discurso ganhará clareza a partir dos fatos. Obteremos clareza com a linguagem se designarmos os fatos o
35 · máximo possível mediante as palavras que são apropriadas às coisas, e por aquelas do uso comum, e se não as organizarmos em uma ordem invertida, mas sempre dispormos as palavras que estão associadas próximas umas das outras. Tomadas essas precauções, conferiremos clareza à nossa exposição.

Seremos concisos se omitirmos todos os fatos e palavras cuja menção não é essencial, conservando somente aqueles cuja ausência

ARISTÓTELES | 99

40 · traria obscuridade ao nosso discurso. Com isso, nossa exposição
1438b1 · revelar-se-á concisa.

Discursaremos convincentemente se, em apoio de fatos implau-
síveis, aduzirmos razões que farão os acontecimentos sustentados
por nós parecerem prováveis de ter ocorrido. É preferível omitir
5 · quaisquer ocorrências demasiado improváveis, mas, se fores obrigado a apresentá-las, deves mostrar que as conheces como fatos
e mencioná-las muito ligeiramente, trabalhando-as por meio da
figura da omissão, e prometer que demonstrarás sua verdade no desenrolar de teu discurso, pretextando que desejas, primeiramente,
demonstrar a verdade ou a justiça, ou algo semelhante, das afirma-
10 · ções que já fizeste. Essa é a forma de remediar a incredulidade de
nossos ouvintes. Em resumo, pelo emprego de todos os expedientes
indicados, tornaremos nossos relatos, exposições e previsões claros,
concisos e convincentes.

31

HÁ TRÊS MÉTODOS ATRAVÉS DOS quais os arranjaremos. Quan-
15 · do as ações que constituem o objeto de nosso discurso são poucas
e familiares ao auditório, as incluiremos no proêmio, de sorte que
essa parte, mostrando-se sozinha, possa não ser excessivamente
curta. Quando as ações são demasiado numerosas e não fami-
20 · liares, em cada caso as associaremos e demonstraremos que são
justas, apropriadas e honrosas (nobres), de modo a não tornar
nosso discurso tão só uma simples exposição de fatos destituída de embelezamento, mas uma exposição capaz de conquistar a
atenção de nosso auditório. Se os fatos forem em número moderado e não familiares, deveremos colocar o seu relato, exposição ou
25 · previsão fisicamente como uma adição ao proêmio; e o faremos
indo direto do começo ao fim dos fatos, sem introduzir qualquer

100 | RETÓRICA A ALEXANDRE

matéria colateral, mas nos restringindo a indicar apenas os próprios fatos. Isso nos instruirá a como organizar relatos de fatos em nossos proêmios.

32

NA SEQUÊNCIA TEMOS A CONFIRMAÇÃO, o método pelo qual
30 · confirmaremos os fatos já indicados como sendo da natureza de que nos empenhamos em mostrar que são, por meio de demonstrações e considerações do justo e do apropriado. Assim, toda vez [...][29] que estiveres incluindo demonstrações, as mais apropriadas aos discursos públicos são as baseadas no curso costumeiro dos
35 · acontecimentos, exemplos, entimemas [suplementares] e a opinião do orador; e qualquer outra demonstração disponível deve ser utilizada. Devem ser organizadas da seguinte maneira: primeiro, a opinião do orador ou então a natureza usual dos fatos, a fim de demonstrar que as coisas que afirmamos ou semelhantes a elas usualmente ocorrem dessa maneira; em seguida, temos de aduzir
40 · exemplos e usar qualquer similaridade disponível em apoio às afir-
1439a1 · mações que fazemos. É necessário tomarmos exemplos que sejam afins ao caso e os que estejam o mais próximo, no tempo ou no espaço, dos nossos ouvintes, e, se tal disponibilidade não existir tomam-se outros exemplos que sejam os mais importantes e os mais conhecidos. Depois desses, devemos citar máximas. Além disso, no
5 · fim das seções dedicadas às probabilidades e exemplos, temos de estruturar as conclusões sob a forma de entimemas e máximas. Essa é, portanto, a maneira na qual devemos introduzir demonstrações onde fatos estão envolvidos.

---

29. Fuhrmann indica aqui uma lacuna.

ARISTÓTELES | 101

Se a simples enunciação dos fatos bastar para obter o imediato convencimento, as demonstrações deverão ser omitidas e os fatos 10 · já indicados confirmados com base no justo, legal, apropriado, honroso (nobre), prazeroso, fácil, possível (exequível) e necessário. Quando o recurso à justiça é possível, deve ser experimentado em primeiro lugar, e é necessário elucidarmos nossas afirmações com referência à justiça, com referência a uma semelhança com a justiça, ou com o oposto da justiça, ou com referência ao que foi julgado como justo. Deves também mencionar exemplos que se 15 · conformem aos princípios de justiça que sustentas. Poderás extrair muitos exemplos de particulares concepções de justiça admitidas em determinadas comunidades, tanto as obtidas no próprio Estado em que proferes teu discurso quanto as obtidas em outros. Quando, na adoção desse método, dissemos o que tínhamos a 20 · dizer, adicionando no fim máximas e breves entimemas de tipos variados, se essa divisão for longa e quisermos ajudar a memória [de nosso auditório], deveremos recapitular com brevidade; mas se for de moderada extensão e de fácil memorização, encerraremos a divisão e começaremos outra. O que se segue consti-25 · tui um exemplo do que quero dizer: "Julgo que o que foi dito demonstrou suficientemente a justiça de enviar ajuda a Siracusa. Tentarei agora mostrar que essa política é também apropriada.". Então deverás abordar o que é apropriado de uma maneira análoga à tua abordagem já realizada do que é justo, e, ao desfecho 30 · dessa divisão, acrescentar ou uma recapitulação ou uma definição, e então apresentar qualquer outro tema de que dispões. É assim que deves unir uma divisão à outra e fazer de teu discurso um todo. Quando tiveres utilizado todos os meios disponíveis para confirmar o que aconselhas, deverás, a título de adição a tudo 35 · isso, mostrar sumariamente, com a ajuda de entimemas, máximas ou figuras, que é injusto, inapropriado, desonroso e desagradável (não prazeroso) deixar de adotar tua sugestão, fazendo, também sumariamente, contrastar com isso o justo, apropriado, honroso (nobre) e prazeroso de executar o que estás recomendando. Após

102 | RETÓRICA A ALEXANDRE

ter feito o suficiente uso das máximas, encerra tuas exortações com uma conclusão definitiva.

1439b1 · Essa é a maneira na qual confirmaremos as propostas por nós aventadas. Na seção seguinte nos ocuparemos da antecipação.

33

A ANTECIPAÇÃO É O MÉTODO PELO qual antecipas e destróis as objeções passíveis de serem levantadas contra teus argumentos.
5 · Tens de minimizar os argumentos de teus opositores e amplificar os teus, como já aprendeste a fazer com base nas instruções relativas à amplificação. Deves confrontar um único argumento contra outro quando o teu é mais forte, e vários argumentos contra vários, e um contra muitos, e muitos contra um, contrastando-os
10 · de todos os modos possíveis, amplificando os teus e minimizando e debilitando os argumentos de teus opositores. É assim que empregaremos as antecipações.

Tendo ultrapassado essas etapas, concluiremos recapitulando o que já foi dito utilizando a forma de argumento ou de refutação, ou empregando uma proposta de recomendação, ou questionamento ou ironia.

34

15 · SE ESTAMOS INSTANDO O AUDITÓRIO a prestar ajuda a certos partidos, quer a indivíduos, quer a Estados, também se revelará adequado mencionar com brevidade qualquer sentimento amigável, ou causa de gratidão, ou compaixão que já existam entre

ARISTÓTELES | 103

eles e os membros da assembleia; de fato, estes estão particularmente predispostos a assistir àqueles que se acham nessas relações
20 · com eles. Todos experimentam uma certa afeição por pessoas das
quais, ou de cujos amigos, pensam ter recebido, ou estarem recebendo ou vão receber, algum merecido benefício, eles mesmos
ou indivíduos que são objeto de seu cuidado. E são gratos àqueles
dos quais ou de cujos amigos pensam terem recebido, ou estarem
recebendo ou que vão receber algum benefício imerecido, eles
25 · próprios ou indivíduos que são objeto de seu cuidado. Na hipótese da presença de qualquer uma dessas circunstâncias, devemos
esclarecê-la concisamente e levar nossos ouvintes à compaixão.
Descobriremos que é fácil suscitar compaixão por qualquer coisa
que desejemos, se nos lembrarmos que todas as pessoas compa-
decem-se daqueles que julgam estar estreitamente ligados a elas,
ou que pensam não merecerem o infortúnio. Deves, portanto,
30 · demonstrar que essa é a condição daqueles a favor dos quais
desejas despertar compaixão, e é necessário que demonstres que
eles ou estiveram, ou estão em má situação, ou estarão se teus
ouvintes não lhes prestarem auxílio. Na ausência de tais circunstâncias, deves mostrar que os indivíduos a favor dos quais discursas foram privados de vantagens das quais todas as pessoas,
ou a maioria delas desfrutam, ou jamais tiveram qualquer sor-
35 · te, ou não têm nenhuma agora, ou não terão nenhuma se teus
ouvintes não se compadecerem deles agora. Esses são os meios
pelos quais induziremos os membros de nosso auditório a expe-
rimentar compaixão.

No caso da dissuasão, recorreremos ao método oposto e utilizaremos o mesmo tipo de proêmio, empregando demonstrações
e mostrando aos ouvintes que as ações que intentam realizar são
1440a1 · ilegais, injustas, inapropriadas, desonrosas, desagradáveis (não
prazerosas), impossíveis (inexequíveis), laboriosas e desnecessá-
rias. A organização de nosso discurso será semelhante à usada na
persuasão. É essa, portanto, a maneira na qual os que empregam
a dissuasão por sua própria conta devem dispor seus discursos.

104 | RETÓRICA A ALEXANDRE

5 ·   Aqueles que se opõem às exortações feitas por outros devem começar por indicar em seu proêmio a posição que se prestam a opor e fazer uma enunciação preliminar de seus outros pontos um a um. Depois do proêmio, o melhor a fazer é expor uma a
10 · uma as afirmações feitas no discurso anterior e demonstrar que não são justas, nem legais, nem apropriadas, nem coerentes com a recomendação defendida pelo opositor. Farás isso demonstrando que o que ele diz é injusto, ou inapropriado, ou a isso semelhante, ou o oposto do que é justo e apropriado e do que foi julgado como tal. Resta abordar os demais pontos disponíveis de maneira seme-
15 · lhante. Eis aí o melhor método de dissuasão, mas, se impraticável, deves buscar dissuadir [teu auditório] baseando-se em qualquer tópico que tenha sido omitido; por exemplo, se teu opositor demonstrou que um certo procedimento é justo, precisarás tentar demonstrar que é desonroso, ou inapropriado, ou laborioso, ou impossível (inexequível) ou tudo o mais que puderes; e se ele tiver
20 · o apropriado do seu lado, deves mostrar que sua sugestão é injusta e tudo o mais que puderes. Deves, adicionalmente, realçar teus próprios pontos e minimizar os do opositor, adotando o método já indicado na seção que trata da oratória de persuasão. Deves, igualmente, tal como na persuasão, introduzir máximas e entimemas,
25 · refutar antecipações e, na conclusão, recapitular.

Além disso,[30] quando se trata da persuasão, devemos mostrar que aqueles para os quais solicitamos o auxílio sentem amizade por aqueles aos quais endereçamos nossa solicitação, ou que estes últimos têm um débito de gratidão com aqueles que pedem seu auxílio; e *[devemos demonstrar] que aqueles cujo auxílio não permitimos são merecedores da cólera, da inveja ou da hostilidade.*[31] Engendra-
30 · remos um sentimento de hostilidade mostrando que as próprias pessoas que estamos dissuadindo, ou as pessoas que são objeto do

---

30. ...Πρὸς δὲ (*Pròs dè*). Marcado como suspeito por Fuhrmann.

31. ...οἷς δ'οὐκ ἐῶμεν βοηθεῖν, ἢ ὀργῆς ἢ φθόνου ἢ ἔχθρας ἀξίους ὑπάρχοντας (*hoìs d'oyk eômen boetheín, è orgês è phthónoy è échthras axíoyς hypárkhontas*). Idem,

cuidado delas, têm sido injustamente tratadas pelo outro partido ou por seus amigos; despertaremos cólera se demonstrarmos que elas ou as pessoas que são objeto de seu cuidado foram injustamente desprezadas ou ofendidas pelo outro partido. Produziremos 35 · um sentimento de inveja – para o expressarmos sinteticamente – contra aqueles que demonstramos terem desfrutado de uma prosperidade imerecida, ou que a desfrutam agora, ou que provavelmente a desfrutarão no futuro; ou que jamais foram privadas de alguma vantagem, ou não o estão sendo agora ou não o serão; ou que nunca se defrontaram, ou não se defrontam, ou não vão se defrontar com algum infortúnio. Essa é a maneira de engendrar 40 · inveja, hostilidade e cólera, ao passo que engendraremos amizade, 1440b1 · gratidão e compaixão pelos meios indicados quando tratamos da persuasão (exortação). E esse é o modo no qual construiremos e disporemos esses sentimentos com base em todos os materiais já indicados.

Somos agora conhecedores da natureza e das partes componentes da oratória de persuasão, bem como da maneira que ela deve ser empregada.

35

5 · *Passemos, na sequência, ao exame da oratória do louvor e da vituperação. Também aqui devemos começar, antes de mais nada, por enunciar nossas proposições[32] no proêmio, e refutar as prevenções do mesmo modo que nos discursos de persuasão (exortação). Chamamos a atenção de nossos ouvintes mediante os*

---

32. ...Το δὲ ἐγκωμιαστικὸν καὶ τὸ κακολογικὸν πάλιν προθέμενοι σκοπῶμεν. Φροιμιαστέον οὖν καὶ περὶ τούτων πρῶτον προθεμένους τὰς προθέσεις. (*To dè egkomiastikòn kaì tò kakologikòn pálin prothémenoi skopomen. Phroimiastéon oŷn kaì perì toŷton prôton prothemènoys tàs prothéseis.*). Marcado por Fuhrmann como suspeito.

106 | RETÓRICA A ALEXANDRE

10 · métodos já indicados quando tratamos dos discursos políticos, sobretudo asseverando que os fatos são surpreendentes e notáveis, e que iremos demonstrar que as partes executaram feitos iguais aos que atraem para os indivíduos o louvor ou a vituperação. De fato, em discursos pertencentes a essa classe, via de regra não discorremos na disputa de um caso, mas com o objetivo da exibição.

Em primeiro lugar, organizaremos o proêmio do mesmo modo 15 · que nos discursos de persuasão e de dissuasão. Após o proêmio, deve-se distinguir entre os bens externos à virtude e aqueles realmente inerentes a ela, formulando-o assim: os bens externos à virtude dividem-se em bom nascimento, vigor, beleza e riqueza. A virtude está dividida em sabedoria, justiça, coragem e modera-20 · ção. Os bens pertencentes à virtude constituem objetos apropriados do louvor; quanto aos que não se acham na esfera da virtude, permanecem em último plano, como que disfarçados, já que é cabível que os vigorosos, os belos, os bem-nascidos e os ricos recebam não louvor, mas sejam congratulados por sua condição venturosa e não louvados. Uma vez feita essa distinção, faremos com que o proêmio seja seguido pela genealogia da pessoa sobre a qual estamos discursando, pois essa é o primeiro fator que traz boa ou 25 · má reputação aos seres humanos e também aos animais. {Assim, ao elogiar um ser humano ou um animal doméstico indicamos o seu *pedigree*, embora quando louvamos uma paixão, ou uma ação, ou um discurso, ou uma posse, baseamos nossa aprovação diretamente nas qualidades nobres que lhe dizem respeito.}[33]

Eis o modo apropriado de empregar a genealogia. Se os an-30 · cestrais são pessoas de mérito, deves mencionar todas, desde o princípio até a pessoa que estás louvando, e na menção de cada ancestral apontar sumariamente alguma coisa em seu crédito.

---

33. { } Excluído por Fuhrmann.

ARISTÓTELES | 107

Se as primeiras forem pessoas de mérito, mas acontecer dos restantes nada terem realizado de notável, deves mencionar os primeiros da maneira já indicada e omitir os membros inexpressivos da família, explicando que devido ao número dos ancestrais não desejas ser prolixo mencionando todos eles, além do que é para todos patente que indivíduos que nascem com boa estirpe geralmente assemelham-se aos seus antepassados. Se seus primeiros ancestrais são inexpressivos, mas aqueles mais próximos de sua própria época são famosos, deves mencionar sua descendência a partir desses últimos e declarar que seria tedioso discorrer sobre os primeiros, embora irás demonstrar que os predecessores imediatos dos que estás louvando eram bons indivíduos, e que está bastante claro que seus antepassados devem ter sido pessoas de mérito, uma vez que é visivelmente improvável que aqueles nascidos de ancestrais vis pudessem ser daquela qualidade. Se aquele que é o objeto de teu louvor carecer de ancestrais ilustres, deve-se dizer que ele próprio é um excelente indivíduo, insinuando que todos aqueles que têm uma inclinação natural para a virtude são bem nascidos. Deves também censurar todas as outras pessoas que se põem a louvar seus ancestrais dizendo que muitos indivíduos que tiveram ancestrais ilustres foram indignos deles. Deve-se, inclusive, acrescer que a tarefa no momento é louvar o próprio indivíduo, e não seus ancestrais. No que toca à vituperação, deve-se recorrer a um uso semelhante da genealogia no intuito de desacreditar alguém cujos ancestrais eram pessoas de má reputação.

Assim deve ser a genealogia introduzida no louvor e na vituperação.[34]

---

34. Ou: *Esse é o papel que a genealogia deve desempenhar no [discurso de] louvor e de vituperação.*

108 | RETÓRICA A ALEXANDRE

15 · Se o indivíduo que louvas possui alguma distinção devida à
sorte [...]^{35} *[deves, ao contrário, atribuir sua situação favorável ao seu
próprio empenho e, em seguida, discorrer sobre seus hábitos e modo
de vida desde os anos mais tenros de sua vida]*, tomando o cuidado
de dizer coisas compatíveis com suas faixas etárias e discursar com
brevidade, uma vez que as pessoas não consideram que a conduta
correta e o autocontrole das *crianças*^{36} devem-se a elas próprias,
mas àqueles que as têm sob seu encargo, determinando a necessidade de ser breve ao discursar sobre elas. Quando tiveres assim
feito a descrição dos anos de sua infância, após dar um desfecho
20 · com um entimema e uma máxima, ao fim dessa seção do discurso,
indicarás, ao entrar no início da vida viril do *jovem*^{37} que é o objeto
de teu louvor, o teu assunto, a saber: as realizações da pessoa que
é objeto de teu louvor, ou seu caráter, ou seus hábitos, e amplificá-
-los, como afirmamos antes, no começo ao tratarmos da oratória
25 · de louvor, narrando que esta ou aquela façanha foi realizada nessa
idade por aquele que louvas, ou por meio de sua ação, ou inspirada
por ele, ou que forneceu o motivo para ela ou foi para ela essencial.
Deves também comparar as proezas de outros jovens e mostrar
que são superadas pelas dele, indicando pormenorizadamente as
30 · mais modestas realizações do outro jovem e os mais expressivos
feitos daquele que louvas. E deves fazer os feitos que narras parecerem grandiosos comparando-os com outros feitos notáveis em
pequena escala. Deves, inclusive, amplificar seus feitos mediante
conjeturas como a seguinte: "Ademais, alguém que se transformou em um tal filósofo na juventude, provavelmente irá muito

---

35. Há aqui uma grande lacuna no texto de Bekker, mantida por Spengel e
Hammer e também por Sauppe e Fuhrmann. O período que inserimos
entre colchetes a seguir é meramente hipotético.

36. ...παῖδας... (*paídas*).

37. ...νεανίσκου... (*neanískoy*).

ARISTÓTELES | 109

35 · mais longe quando for mais velho", ou "Alguém que suportou tão
resolutamente as fadigas do ginásio devotar-se-á ardentemente ao
trabalho árduo da filosofia.". Mediante essas conjeturas amplia-
remos suas boas qualidades.

Depois de termos lidado com os eventos de sua fase inicial de
homem jovem, encerraremos essa seção por meio de máximas e
1441b1 · entimemas, e, após ter recapitulado com brevidade o que dissemos,
ou concluído finalmente no tocante à seção que trata da conduta,
passaremos às realizações da pessoa que estamos louvando quando
já adulta. Mostraremos primeiramente seu sentimento de justiça,
5 · e, depois de o ter amplificado de uma maneira semelhante ao que
já foi indicado, chegaremos à sua sabedoria, se ele possuir essa virtude; e depois de nos ocuparmos disso de modo idêntico, passaremos a mostrar sua coragem, se é que ele a possui, e após empreender a tarefa de amplificá-la, ao atingirmos o desfecho dessa seção
10 · e tivermos descrito todas as espécies de virtude, recapitularemos
sumariamente o que dissemos antes e daremos um fecho definitivo
a todo o discurso por meio de uma máxima ou de um entimema.

Nos discursos de louvor, será conveniente acrescer dignidade ao
estilo discursando acerca de cada tópico não com brevidade, mas
alongando-se consideravelmente.

Acusações serão construídas por nós de maneira idêntica, re-
15 · correndo à vituperação dirigida a ações más. Não devemos escar-
necer da pessoa que estamos vituperando, mas descrever sua vida;
de fato, narrativas são mais convincentes para os ouvintes do que o
escárnio, além do fato do escárnio produzir maior aborrecimento
àquele a quem é dirigido, pois tem como alvo a aparência externa
20 · ou as riquezas das pessoas, enquanto as narrativas refletem seu caráter e maneiras. Tem cuidado para não designar mesmo as ações
vis do vituperado com nomes vis para não lançar calúnia contra
seu caráter, mas possas indicar tais matérias através de insinua-
ções e revelar o fato empregando palavras que denotam algo mais.
Também nas vituperações é aconselhável empregar a ironia e ridi-

110 | RETÓRICA A ALEXANDRE

25 · cularizar o opositor pelas coisas de que este se orgulha. Por outro lado, privadamente, quando poucas pessoas estão presentes, deves tentar desacreditá-lo, porém publicamente, perante a multidão, teu ataque deve consistir principalmente de acusações ordinárias. E deves amplificar ou minimizar vituperações do mesmo modo que os louvores. Com base no que foi dito saberemos praticar essas espécies de oratória.

36

30 · RESTA NOS OCUPAR DA ORATÓRIA da acusação,[38] e daquela da investigação. Vamos discutir na sequência como construir e organizar essas espécies no gênero forense.

Para começar, tal como no caso das demais espécies, exibiremos no proêmio a ação que é objeto de nossa acusação ou defesa. E recorreremos, na oratória de defesa, aos mesmos meios para con-
35 · quistar a atenção dos ouvintes aos quais recorremos na oratória de persuasão (exortação).[39]

Mais uma vez, quanto à boa vontade, no que diz respeito ao cliente que conta com a predisposição favorável do auditório e não é objeto de sua prevenção por conta de sua personalidade, conduta ou
1442a1 · *do discurso [proferido o tendo como objeto], a boa vontade deve ser assegurada da mesma maneira que foi descrita nos casos anteriores. Para aquele em relação ao qual o auditório não se mostra nem favorável nem desfavorável, e também alguém em relação a quem esteve*

---

38. Spengel e Fuhrmann acrescentam: ...τὸ ἀπολογητικὸν καὶ... (*tò apologetikòn kai*): ...*e defesa...* .

39. Spengel e Fuhrmann: ...ἀποτρεπτικῷ... (*apotreptikôi*): e ...*dissuasão.*

ARISTÓTELES | 111

antes de prevenção ou está atualmente de prevenção ou por conta de
sua personalidade, ou de sua conduta, ou de seu discurso, temos que
5 · *aduzir razões para a boa vontade, algumas de maneira associativa,*
outras separadamente.[40]
É esse, portanto, o método para assegurar boa vontade. De
fato, quando a predisposição do auditório não é nem favorável
nem desfavorável, devemos, com brevidade, louvar nossos próprios clientes e depreciar seus adversários. Devemos louvá-los re-
10 · lativamente às qualidades que mais interessam ao auditório, ou
seja, patriotismo, lealdade com os amigos, gratidão, compaixão
e qualidades semelhantes; e devemos atacar um adversário por
qualidades que provocarão a ira dos membros do auditório, isto é,
falta de patriotismo, deslealdade com os amigos, ingratidão, insen-
sibilidade e assim por diante. Devemos também atrair o favoreci-
15 · mento do júri elogiando-o por seu senso de justiça e a competência
com que exerce sua função. Devemos igualmente trazer à baila
quaisquer pontos nos quais nosso cliente está em desvantagem
no confronto com seus adversários, quer no tocante a palavras,
quer atos ou qualquer outra coisa que diga respeito ao processo.
Além disso, precisamos trazer à tona considerações em torno do
20 · que é justo, apropriado e matérias correlatas. Esses são os meios
pelos quais temos de garantir a boa vontade do júri, com pessoas
em relação às quais não se revela predisposto nem favoravelmente
nem desfavoravelmente.
Quando há prevenção contra um indivíduo, se esta dirigir-
-se a alguma declaração feita por ele no passado, sabemos com
base no que já foi observado antes como eliminar dificuldades
25 · desse gênero. Se a prevenção tem sua origem no presente e diz respeito a ele pessoalmente, há margem para haver prevenção contra
ele se sua personalidade não se ajustar ao caso em curso ou for
incompatível com as acusações que ele está fazendo ou coerente

---

40. Todo o período em itálico é marcado por Fuhrmann como suspeito.

112 | RETÓRICA A ALEXANDRE

com a acusação formal feita contra ele. Haveria falta de ajuste (inaptidão) se alguém que fosse demasiado jovem ou demasiado velho se apresentasse cuidando do interesse de outra pessoa; ha-
30 · veria incompatibilidade se um indivíduo forte processasse um indivíduo fraco por assalto a sua pessoa, ou se um indivíduo violento fizesse uma acusação de violência a um indivíduo de bom comportamento, ou se um indivíduo paupérrimo processasse um indivíduo riquíssimo sob a acusação de fraudá-lo. Esses são casos em que a personalidade dos litigantes é incompatível com as acusações. Haverá compatibilidade se um homem forte for processado por assalto por um homem fraco, ou se uma acusação de furto foi feita contra uma pessoa com fama de ladra; e, em geral,
35 · as acusações serão consideradas compatíveis com os litigantes se suas reputações corresponderem às suas reais personalidades. Tais são as prevenções que ocorrem no momento contra a personalidade de um homem. A prevenção que se dirige à sua ação será suscitada se um indivíduo instaura processos contra parentes,
1442b1 · convidados ou amigos pessoais, ou com base em questões insignificantes ou vergonhosas. Coisas como essas acarretam a perda de reputação dos litigantes.

Mostrarei na sequência como nos livrar das prevenções supracitadas. Sustento a existência de duas regras elementares aplicáveis a todos os casos em comum. A primeira regra é a seguinte: quaisquer que sejam os argumentos que pensares que teus oposi-
5 · tores irão usar para causar uma impressão nos juízes, antecipa-os e causa tu mesmo a impressão. Em segundo lugar, quando se trata de uma questão de atos, deves, se possível, transferir a responsabilidade para teus opositores, ou, se não o conseguir, para algumas outras pessoas, alegando, à guisa de justificativa, que te envolveste no processo não por tua própria vontade, mas sob o constrangimento de teus adversários. Contra cada prevenção
10 · particular tens que opor desculpas como as seguintes: alguém relativamente jovem deve alegar a falta de amigos mais velhos que lutem na justiça a seu favor, ou a magnitude ou quantidade dos

delitos dos quais é acusado, ou o curto prazo que lhe é concedido, ou alguma outra coisa desse gênero. Se estás discursando a favor de outra pessoa, declara que teu motivo para advogar sua causa é a amizade ou hostilidade contra seu opositor, ou teres presenciado
15 · os eventos, ou o interesse público, ou a posição isolada de teu cliente e a injustiça que foi cometida contra ele. Se sua personalidade for coerente com a acusação feita contra ele ou incompatível com a acusação que ele está fazendo, recorre à antecipação e declara que é injusto, ilegal e inapropriado condenar com base em
20 · uma opinião ou em uma suspeita antes de ouvir os fatos. Essa é a forma pela qual nos livraremos de prevenções dirigidas contra a personalidade de um indivíduo. As prevenções dirigidas contra sua conduta, repeliremos transferindo a culpa para seus adversários, acusando-os de difamação, ou de injustiça, ou de cupidez, ou
25 · de espírito contencioso ou de temperamento colérico, alegando que é impossível obter justiça por quaisquer outros meios. Essa é a maneira de dissiparmos a prevenção privada no caso dos juízes; *quanto às públicas*,[41] nós as refutaremos utilizando todos os métodos que foram indicados para as espécies de oratória já abordadas.

Nos discursos forenses disporemos o proêmio do mesmo modo que nos discursos políticos, além do que lidaremos do
30 · mesmo modo com as narrativas dos fatos, anexando-as ao proêmio ou demonstrando a sua confiabilidade e justiça nas diversas divisões do discurso, ou exibindo-as sozinhas como uma seção independente.

A seção seguinte é a confirmação, a qual será baseada em provas caso os fatos sejam contestados pelos opositores ou, caso sejam
35 · admitidos, em considerações do justo, do apropriado e de coisas

---

41. ...τὰς δὲ κοινὰς (*tàs dè koinàs*). Forster e Fuhrmann: *[...] àquelas que dizem respeito à vida pública de um indivíduo [...]*.

114 | RETÓRICA A ALEXANDRE

semelhantes. Das provas devemos apresentar em primeiro lugar os testemunhos e as confissões obtidas mediante tortura, se houver alguma disponível. Em seguida, será a vez de confirmar a plausibilidade de nossas afirmações por meio de máximas e entimemas; se, contudo, não forem completamente plausíveis, pela probabilidade e, depois, pelos exemplos, evidências, signos e refutações, e finalmente por entimemas e a enunciação de máximas a título de fecho. Se os fatos forem admitidos, as provas poderão ser omitidas e se deverá recorrer aos argumentos legais, como nas passagens anteriores. Dessa forma efetuaremos a confirmação.

Após a confirmação, deveremos enunciar os argumentos de nosso caso confrontando-os com nossos opositores, antecipando os prováveis argumentos deles. Se a estratégia deles for no sentido de negar as ações, deveremos amplificar as provas (demonstrações) aventadas por nós, juntando uma crítica demolidora e a minimização das provas (demonstrações) que serão aventadas por eles. Se admitirem as ações, mas procurarem demonstrar que foram legais e justas em conformidade com as leis promulgadas, teremos de procurar mostrar que as leis aduzidas por nós e as que lhes assemelham são justas, nobres e vantajosas para o bem-estar da comunidade, e assim foram consideradas pelo conjunto geral dos cidadãos, e que as leis trazidas pelos opositores apresentam as qualidades opostas. Caso essa linha de raciocínio seja impraticável, deve-se lembrar o júri que estão julgando não a lei mas o fato, e que seus membros juraram votar de acordo com a lei estabelecida; e deves instruí-los que não é correto produzir leis na presente oportunidade, mas nos dias regulares apontados para isso. Se a posição for a de que a ação cometida contrariou leis que parecem ser leis más, deveremos dizer enfaticamente que uma regulação desse tipo não é lei mas a negação da lei, posto que a lei é estabelecida para o benefício público, ao passo que essa lei é danosa ao Estado. E devemos também dizer que se o júri der um veredicto contrário a essa lei, não estará agindo ilegalmente, mas legislando para prevenir a execução de resoluções que são más e ilegais. Devemos também trazer à baila e frisar o ponto

ARISTÓTELES | 115

de que nenhuma lei proíbe a ação a favor do bem da comunidade,
30 · e que constitui um serviço público revogar leis más. Considerações
desse jaez nos fornecerão muito para ser dito por antecipação contra
o caso de nosso oponente relativamente a leis que estão claramente
expressas, seja qual for a classe delas que tenhamos diante de nós.
No que tange a leis que são ambíguas, se o júri as entender em um
sentido que seja favorável a ti, deves indicar essa interpretação; se
aceitar o ponto de vista de teu opositor, deves explicar que o legislador não tinha em mente esse sentido, mas o que indicaste, e que
35 · é do interesse do júri a lei ter o sentido indicado por ti. Se não puderes torcer a lei, mostra não ser possível ter outro sentido exceto o
que sugeriste. Se adotares esse método, não enfrentarás dificuldade
quanto ao modo de lidar com leis.

Em termos gerais, se teus opositores admitem os fatos e ba-
40 · seiam sua defesa em princípios de justiça e legalidade, deves antecipar o que é provável ser dito em torno desses tópicos. Se, embora
1443b1 · admitam os fatos, reivindicam o perdão, o modo de privá-los de
argumentos dessa natureza é o seguinte: deves começar por dizer
que sua conduta revelou-se, na verdade, mais repreensível, e que
esses são os tipos de delitos que admitem quando são descobertos
e, consequentemente: "Se perdoardes o réu, absolvereis todas as de-
5 · mais pessoas de punição.". Prossegue dizendo: "Se concederdes um
veredicto de inocente àqueles que confessam seus delitos, como
podereis dar uma sentença de culpado aos que não confessam?".
E deves dizer: "Mesmo que ele seja culpado, não devo ser punido
por seu delito." Argumenta, ademais, que mesmo o legislador não
10 · perdoa transgressores; assim, tampouco compete ao júri fazê-lo
ao julgar conforme as leis. Empregaremos argumentos como esses para privar nossos adversários de argumentos para pleitear o
perdão, como inclusive mostramos no início; e, geralmente, anteciparemos, empregando as considerações anteriormente indicadas,
qualquer coisa que nossos adversários venham a dizer visando a
demonstrar o seu caso com base em pontos de princípio e argumentar reivindicando perdão.

116 | RETÓRICA A ALEXANDRE

15 · Depois disso, resumindo todo o discurso, devemos repetir a acusação e, se possível, com brevidade instilar nos membros do júri um sentimento de hostilidade, de ira ou de malevolência para com os nossos opositores, e um sentimento de amizade, de favorecimento ou de compaixão para conosco. Já indicamos como tais sentimentos devem ser produzidos quando nos ocupávamos da 20 · persuasão e da dissuasão na seção a respeito da oratória política (parlamentar). Aludiremos a isso novamente na seção final, ao tratar do estilo defensivo de oratória.

Está aí descrito o modo por meio do qual comporemos e disporemos nosso discurso quando, em um caso jurídico, formos os primeiros a discursar e atuarmos na acusação.

25 · Se atuarmos na defesa, comporemos o proêmio do mesmo modo que na acusação e não faremos qualquer menção das acusações das quais o nosso opositor (o acusador) apresentou provas convincentes aos seus ouvintes; depois do proêmio, contudo, exporemos e refutaremos as provas que ele apenas os fez aceitar como prováveis; e desacreditaremos as testemunhas, bem como testemunhos obtidos por meio de tortura e os feitos sob juramento, da maneira que já foi descrita para ti; se os fatos forem 30 · convincentes, deveremos opor nossa defesa a eles [...][42] mudando para a forma baseada na omissão; se as testemunhas que foram interrogadas sob tortura são confiáveis, devemos recorrer ao argumento ou ação, ou qualquer outra coisa que represente o teu ponto mais convincente contra teus opositores. Se sua acusação é baseada no fundamento de que tiras vantagem do delito, ou que é tua prática habitual, deves defender-te, se puderes, mostrando que o delito de que és acusado não teria sido proveitoso para 35 · ti, ou que não constitui teu hábito ou de pessoas semelhantes a ti cometer tais atos, ou cometê-los dessa maneira. É esse o proce-

---

42. Fuhrmann indica uma lacuna aqui.

ARISTÓTELES | 117

dimento a ser adotado por ti para refutar o argumento a partir da probabilidade.

Quando se trata de um exemplo, começa por mostrar, se puderes, que não apresenta analogia com o ato de que és acusado, ou, se isso não for possível, apresenta outro exemplo que tenha ocorrido 40 · contrariando a probabilidade. Refuta uma evidência fornecendo razões que mostrem que o que aconteceu realmente foi precisa- 1444a1 · mente o oposto. Quanto às máximas e entimemas, deves mostrar que são paradoxais ou ambíguos. No tocante aos signos, deves mostrar que indicam diversas coisas, e não apenas o ato de que és acusado. Dessa maneira, tornaremos os argumentos de nossos opositores não convincentes, ou seja, mostrando que apontam na 5 · direção contrária ou que são ambíguos.

Se, por outro lado, reconhecemos os atos de que somos acusados, faremos nossa argumentação basear-se na justiça e na legalidade, e nos empenharemos em demonstrar que nossa conduta foi mais legal e mais justa. Caso isso se revele impraticável, recorreremos ao argumento do erro ou do infortúnio, e mostraremos 10 · que o dano produzido foi pequeno, na tentativa de obter o perdão salientando que o erro é comum a toda a humanidade, enquanto a prática da injustiça é característica dos maus. Declara que perdoar o erro é plausível, justo e apropriado, porque nenhum ser humano sabe se não pode caber à sua sorte cometer um tal erro. É recomen- 15 · dável também enfatizar que, se teu opositor houvesse cometido um erro, também ele teria pedido o perdão.

Depois disso virão as antecipações de nosso caso feitas nos discursos de nossos opositores. Usualmente não encontraremos dificuldades em refutá-las simplesmente com base nos fatos. Mas se tentarem nos desacreditar dizendo que lemos nossos discursos, 20 · ou os ensaiamos de antemão, ou que estamos atuando como advogados visando a uma recompensa, deveremos enfrentar essas acusações com ironia e, no que toca a escrevermos nosso discurso, declarar que a lei não proíbe que alguém leia um discurso escrito tanto quanto não proíbe que seu opositor discurse sem notas.

118 | RETÓRICA A ALEXANDRE

De fato, se a lei proíbe certas ações, permite que o indivíduo
25 · discurse como queira. É recomendável também declarar: "Meu
opositor pensa que os delitos que cometeu são tão sérios que sente
que eu não seria capaz de conduzir a acusação adequadamente se
não tivesse escrito meu discurso e dedicado muito tempo ao seu
exame.". Assim deve ser enfrentada a prevenção contra os discursos escritos. Se o opositor declara que estudamos e praticamos o
discurso, admitiremos essa afirmação feita em tom acusatório e
30 · declararemos, de nossa parte: "Nós, que estudamos o discurso,
como declaras, não somos contenciosos, ao passo que tu, que
não sabes como fazer um discurso, foste condenado por realizar
acusações maliciosas no passado e o estás fazendo agora contra
nós", dando a entender que seria benéfico para o público que ele
também estudasse retórica, visto que assim não seria o biltre e
35 · chicaneiro que é. Analogamente, se alguém afirma que estamos
atuando como advogados que visam a uma recompensa, o admitiremos em um tom irônico e demonstraremos que a pessoa que nos
acusa faz o mesmo, como o fazem todas as outras. É necessário
também distinguir entre os distintos tipos de recompensa, e frisar
que algumas pessoas atuam como advogados por dinheiro, outras
40 · para prestar um favor, outras por vingança, outras por honras.
E, em seguida, mostrar que no teu caso atuas como advogado
1444b1 · como um favor, enquanto teu opositor atua visando a uma recompensa, a propósito nada modesta; de fato, está trazendo o
caso à corte a fim de ganhar dinheiro injustamente, e não para
evitar ter de pagá-lo. De modo análogo, se alguém sustenta que
ensinamos pessoas a instaurar e acompanhar processos, ou que
5 · escrevemos discursos para serem proferidos no tribunal, devemos
declarar que também todas as demais pessoas, empregando o melhor de suas capacidades, auxiliam seus amigos com ensinamento
e aconselhamento. Com isso obterás nesses casos uma resposta
conforme as regras da retórica.

Não deves titubear relativamente a quaisquer questões e res-
10 · postas que surjam nessa classe de casos, mas fazer uma clara dis-

ARISTÓTELES | 119

tinção em tuas respostas entre admissões e negações. Os exemplos que se seguem são exemplos de admissões: "Mataste meu filho?"; "Realmente o matei quando ele, primeiro, sem ser provocado, ergueu uma espada contra mim."; "Deste uma surra no meu filho?"; "Sim, quando ele começou por me agredir."; "Quebraste minha
15 · cabeça?"; "Sim, quando à noite tentavas forçar a entrada na minha casa.". Essas admissões são baseadas, do ponto de vista de sua forma, nos termos efetivos da lei. Negações como as seguintes produzem um certo desvio da lei: "Mataste meu filho?"; "Não, eu não o matei, mas a lei o matou.". Todas essas respostas devem ser dadas desse modo em casos nos quais uma lei ordena o cometimento
20 · do ato e outra lei o proíbe. Desses exemplos extrairás formas de responder aos teus opositores.

A próxima etapa é a recapitulação, ou seja, um breve lembrete do que foi dito antes. A recapitulação é sempre útil, de modo que deve ser empregada em todas as partes do discurso e com todo
25 · tipo de discurso. Mostra-se muito adequada às acusações e defesas, mas também aos discursos de persuasão e de dissuasão. De fato, afirmamos que nesses casos deveríamos não só recapitular o que foi dito, como nos louvores e vituperações, como também deveríamos levar os juízes a se mostrarem predispostos favoravelmente conosco e desfavoravelmente predispostos com nossos opositores. E, devido a isso, colocamos essa como a última divisão de um
30 · discurso. Um breve lembrete pode ser construído enumerando os pontos que foram mencionados ou sob a forma de um cálculo, ou formulando questões como teus próprios melhores pontos e os piores de teu opositor, e, se for de teu agrado, utilizando a figura
35 · de uma questão direta. A natureza de cada uma dessas figuras é por nós conhecida graças ao que foi antes indicado.

Obteremos uma predisposição positiva para sermos ouvidos e uma negativa para nossos opositores serem ouvidos, como nas exortações (persuasões) e dissuasões, *mostrando* com brevidade em quais ocasiões nós ou nossos amigos fizemos, estamos fazendo, ou iremos fazer o bem às pessoas que nos estão fazendo o mal ou

120 | RETÓRICA A ALEXANDRE

40 · aos indivíduos que estão sob seu cuidado, ou ainda aos próprios juízes ou pessoas que contam com o cuidado dos juízes, e lhes *ex-*
1445a1 · *plicando* que agora dispõem de uma oportunidade para serem gratos, retribuindo os serviços que prestamos; e, além disso, *fazendo* de nós, se possível, objetos de compaixão. Isso será realizado por nós demonstrando que mantemos relações amigáveis com nossos ouvintes e que sofremos um infortúnio imerecido por passarmos
5 · transtornos no passado, ou no presente, ou provavelmente no futuro, a menos que nos ajudem agora; ou, se tais argumentos não forem aplicáveis, indicando de quais benefícios fomos privados ou estamos sendo privados, ou seremos privados se nossas reivindicações forem rejeitadas pelos juízes, ou mostrando que nunca tivemos a boa sorte de fruir de algum benefício, ou não a temos
10 · agora, ou nunca a teremos, a menos que venham em nosso auxílio. Por esses meios atrairemos para nós a compaixão e estabeleceremos boas relações com nosso auditório.

Desacreditaremos nossos opositores e os tornaremos alvo de malevolência utilizando os meios opostos, mostrando que nossos próprios ouvintes ou aqueles cujo cuidado está sob seu
15 · encargo receberam, ou estão recebendo, ou receberão mau tratamento imerecido de nossos opositores ou de seus amigos; de fato, mediante esse tipo de argumento, o auditório será induzido à hostilidade e à ira para com eles. Se isso não for possível, aduziremos [outras] considerações que gerarão em nossos ouvintes um sentimento de malevolência contra nossos opositores, uma vez
20 · que a malevolência está muito próxima da hostilidade. A nos expressarmos em termos gerais, eles atrairão para si a malevolência se mostrarmos que prosperam imerecidamente e que se revelam predispostos negativamente com relação aos nossos ouvintes; deveremos destacar que receberam, ou estão recebendo ou irão receber muitos benefícios injustamente, ou que nunca deixaram de contar com algum benefício, ou que não são presentemente privados de algum, ou que não irão ser privados de algum; ou que nunca toparam antes com algum infortúnio, ou que não

ARISTÓTELES | 121

25 · topam agora, ou que nunca toparão com algum, a menos que os juízes os punam agora.

Empregando tais meios em nossas perorações, conquistaremos a predisposição favorável do auditório para nós e atrairemos a desfavorável para nossos opositores. E, graças a todos os métodos já indicados, elaboraremos [criteriosamente] tanto os discursos de acusação quanto os de defesa.

37

30 · A ESPÉCIE INVESTIGATIVA [DE ORATÓRIA] não é geralmente empregada como uma composição independente, mas em combinação com as outras espécies. É, sobretudo, útil no trato de contradições. Contudo, para que conheçamos também a estrutura dessa 35 · espécie, já que eventualmente pode acontecer de nos vermos na necessidade de investigar as palavras, ou a vida, ou a conduta de indivíduos ou a administração de um Estado, apresentarei também uma explicação sumária dessa espécie.

Quando se faz [um discurso de] investigação dessas coisas, o proêmio deve ser construído quase que na mesma linha da refutação de uma prevenção. Começaremos, portanto, por aventar pretextos plausíveis que farão nossa ação afigurar-se razoável antes de procedermos à investigação. Os exemplos a seguir são de pretextos adequados: nas assembleias políticas, que estamos 40 · atuando segundo esse procedimento não por espírito de facção, 1445b1 · mas para tornar os fatos familiares aos nossos ouvintes, e também que nossos opositores foram os agressores; nos processos privados, nosso motivo será um sentimento hostil ou o mau caráter dos indivíduos que estão sendo investigados, ou um sentimento amigável pelos indivíduos sob investigação, objetivando que, se

5 · compreendem o que estão fazendo, talvez não o façam mais; nos julgamentos públicos, nossos pretextos serão a legalidade, a justiça e o interesse público.

Tendo esses temas e outros semelhantes fornecido material para nosso proêmio, submeteremos a seguir à investigação as várias elocuções, ou ações, ou intenções passadas de nossos opositores, mostrando que contrariam os princípios de justiça e direito e os 10 · interesses privado e público, examinando-as em cada um de seus aspectos se em algum deles elas são incoerentes entre si ou com os hábitos de pessoas virtuosas, ou com a probabilidade. A fim de não prolongar o assunto entrando em detalhes, [basta dizer que] quanto maior for a quantidade de buscas, ou ações, ou palavras, ou hábitos honrosos aos quais pudermos opor as buscas, ações, pala-15 · vras ou hábitos das pessoas sob investigação – disso convencendo os ouvintes –, mais essas pessoas serão desacreditadas. A investigação deve ser levada a cabo suavemente e não duramente, já que discursos proferidos em um tom suave parecerão mais plausíveis ao auditório, e os oradores que os proferem despertarão o mínimo de 20 · prevenção contra si. Uma vez tenhas investigado cuidadosamente tudo e amplificado teus pontos, conclui mediante uma breve recapitulação, relembrando o que disseste para refrescar a memória de teus ouvintes.

Organizando dessa forma as espécies de oratória, nos capacitaremos a utilizar todas elas de acordo com as regras da retórica.

38

QUER FALANDO, QUER ESCREVENDO, devemos procurar, na 25 · medida do possível, fazer nosso discurso conformar-se com as regras que foram aqui estabelecidas, e devemos nos exercitar

ARISTÓTELES | 123

para empregá-las todas prontamente. Essas regras nos suprirão do maior número de recursos de cunho científico para discursarmos com arte tanto nos processos privados e públicos quanto nos

30 · expressarmos no relacionamento social. Além disso, é imperioso não sermos ciosos apenas no nosso discurso, como também na nossa conduta pessoal, orientando-a pelos princípios que foram indicados, porque nosso modo de vida contribui para a nossa capacidade de persuasão tanto quanto para a consecução de uma boa reputação.

Assim, primeiramente deves dividir tua matéria com base no

35 · sistema geral de divisão em que foste instruído, e decidir quais tópicos devem ser tratados em primeiro, segundo, terceiro ou quarto lugar. O próximo passo necessário é preparar teus ouvintes para recepcionar-te, como tratamos ao discutir o manejo do auditório no proêmio. Tornarás os sentimentos dos membros do auditório favoráveis a ti se fores fiel aos teus compromissos, conservares

40 · os mesmos amigos por toda a tua vida e, via de regra, te mostrares

1446a1 · constante em teus hábitos, acatando sempre os mesmos princípios. E eles te ouvirão atentamente se te ocupares com ações importantes e nobres, e que sejam para o benefício público.

Uma vez granjeada a boa vontade de teu auditório, quando

5 · atingires as propostas efetivas para assegurar o evitar de males e a provisão de benefícios, ele as admitirá como capazes de concorrer para sua própria vantagem, [ao mesmo tempo que] rejeitará providências que produzam os resultados opostos.

Para tornar tua exposição rápida, clara, distinta e convincente, do ponto de vista do estilo, tuas sugestões práticas precisam apresentar as qualidades que se seguem. Discorrerás sobre elas rapida-

10 · mente *se não tentares fazer tudo de uma vez;*[43] claramente, se não tentares tratar todos os aspectos ao mesmo tempo, mas o primeiro

---

43. O trecho em itálico consta no texto de Fuhrmann. Bekker, Spengel e Hammer acusam uma lacuna em função de falha do manuscrito.

124 | RETÓRICA A ALEXANDRE

primeiramente, só então passando para o próximo; distintamente, se não deixares de lado abruptamente um assunto para abordar outros antes de haver terminado com o primeiro; convincentemente, se tua linha de ação não for incompatível com teu próprio caráter
15 · e, além disso, se não pretenderes que os mesmos indivíduos sejam teus inimigos e teus amigos.

No que diz respeito à demonstração, em matérias das quais temos conhecimento, adotaremos o procedimento de completar nossas propostas efetivas pela sua orientação. Mas, em matérias em que nos falta conhecimento, seguiremos o que vale no geral como nossa diretriz, visto que nesses casos é mais seguro agir com um
20 · olhar no que é usual.

Quanto a adversários com os quais temos de disputar, se for uma questão de palavras, conseguiremos confirmação no tocante ao nosso caso das efetivas palavras empregadas; se for uma questão de contratos, o faremos se lidarmos com eles em conformidade
25 · com as leis não escritas e escritas mediante o respaldo do melhor testemunho disponível dentro de prazos fixos.

Com respeito à nossa peroração, temos de lembrar nossos ouvintes do que foi dito através de uma repetição sumária dos fatos, ao mesmo tempo que os lembraremos de nossas ações passadas por referência às nossas ações atuais no mesmo sentido, quando adotamos procedimentos idênticos ou similares aos adotados antes.
30 · Eles se predisporão positivamente conosco se adotarmos procedimentos que pensem terem sido, serem, ou que provavelmente serão conducentes ao seu benefício. Nossas ações ganharão peso se recorrermos a táticas que produzam muitos efeitos honrosos.

Essa constitui a maneira do orador nortear sua conduta pessoal. Quanto ao seu treinamento retórico, deve seguir o sistema cujos
35 · princípios foram anteriormente indicados.[44]

---

44. É quase certo que o texto da *Retórica a Alexandre* finde aqui. Todo o texto que se segue em itálico (claramente desarticulado) é considerado

ARISTÓTELES | 125

Sacrifícios devem ser realizados como foi indicado antes, com devoção aos deuses, moderação nas despesas, esplendor do prisma do espetáculo e o benefício do público. Serão realizados com devoção aos deuses se os conduzirmos conforme o ritual dos ancestrais; com mo-
1446b1 · *deração nas despesas, se todo o montante das contribuições não for desperdiçado nessas despesas; com esplendor do prisma do espetáculo se forem orientados com magnificência; com benefício ao público se a*
5 · *cavalaria e a infantaria completamente equipadas acompanharem a procissão. Nossos deveres com os deuses serão piedosamente cumpridos se levados a cabo dessa forma.*

Estabeleceremos relações de amizade com pessoas que possuam maneiras semelhantes às nossas, com aquelas cujos interesses sejam idênticos aos nossos e com aquelas cuja associação nos é compelida em matérias de grande importância; de fato, tal amizade tende a ser
10 · *permanente. Deveríamos fazer alianças com os mais justos, com os poderosos e nossos vizinhos. E deveríamos ter na conta de inimigos os que constituem o oposto desses.*

Deveríamos travar guerra contra aqueles que tentam agredir nosso Estado, ou seus amigos, ou seus aliados. É necessário contri-
15 · *buirmos para a proteção de nossa pátria servindo a ela pessoalmente, ou por meio de nossos aliados ou de mercenários, sendo que a primeira forma é preferível à segunda, e esta à terceira.*

No que diz respeito aos recursos financeiros [do Estado], sua fonte primordial deve ser as próprias rendas ou posses; a segunda, os impostos sobre propriedades tributáveis; e, a terceira, a contribuição
20 · *[diversificada] dos habitantes, ou seja, os pobres colaborando com o trabalho físico, os artesãos com o armamento e os ricos com dinheiro.*

No que se refere ao sistema político, a melhor forma de democracia é aquela na qual as leis concedem os cargos públicos às melhores pessoas, ao mesmo tempo que a multidão (o povo) não é privada

---

espúrio pela quase totalidade dos helenistas. Fuhrmann simplesmente o corta.

126 | RETÓRICA A ALEXANDRE

da função de votar[45] *erguendo a mão e eleger; a pior forma é aquela*
25 · *na qual as leis entregam os ricos à insolência da multidão. Quanto*
à oligarquia, há duas formas, a saber: a baseada no partidarismo
político e a baseada nas qualificações de propriedade.

Alianças precisam ser formadas quando os cidadãos são incapazes
de, por si sós, proteger seu território e suas fortalezas e conter o inimigo
30 · *com seus próprios esforços. Entretanto, uma aliança deve ser dispen-*
sada quando sua formação é desnecessária ou quando os aliados em
vista estão muito distantes e incapacitados de vir em nosso auxílio
nas ocasiões oportunas.

Um bom cidadão é aquele que atrai para o Estado os mais úteis
amigos, e os inimigos no menor número possível e os mais fracos, e que
obtém para ele o máximo de renda sem confiscar a propriedade de
qualquer cidadão enquanto indivíduo detentor de propriedade pri-
35 · *vada, e que, ao mesmo tempo em que tem uma conduta justa, expõe*
aqueles que produzem algum dano ao interesse público.

As pessoas sempre dão presentes na expectativa de granjear algum
benefício, ou em reconhecimento por bons serviços de que foram objeto
anteriormente. Serviços sempre são prestados visando a ganho, honra
ou prazer, ou por medo. As pessoas sempre encetam transações mútuas
1447a1 · *por escolha ou involuntariamente, uma vez que todas as ações são*
executadas por força de constrangimento, ou por meio de persuasão,
ou mediante fraude, ou com base em algum pretexto.

Na guerra, um dos lados leva a melhor devido à sorte, ou de-
vido ao maior contingente militar, ou devido à eficiência [bélica],
5 · *ou devido aos maiores recursos financeiros, ou devido a vantagens*
geográficas, ou devido a contar com bons aliados, ou devido a contar
com um general competente.

As pessoas acham que devem abandonar seus aliados porque lhes
1447b1 · *é conveniente fazê-lo ou como um meio de fazer cessar a guerra.*

---

45. ...ψηφηφορίας... (*psephephorías*).

ARISTÓTELES | 127

A conduta justa consiste em acatar os costumes comuns do Estado, em obedecer às leis e em cumprir os compromissos dos contratos privados. Vantagens do corpo são o bom estado dele, a beleza, o vigor e a saúde; as vantagens da alma são a sabedoria, a prudência, a coragem,
5 · *a moderação e a justiça. A riqueza e as amizades são vantagens de ambos; seus opostos são desvantajosos. É vantajosa para o Estado uma grande quantidade de bons cidadãos.*

Este livro foi impresso pela Gráfica Rettec
em fontes Garamond Premier Pro e Times New Roman
sobre papel Pólen Bold 90 g/m² para a Edipro.